ENTREVISTANDO

ANDRÉ LUIZ

EDITORA EME

Edição e distribuição: **EDITORA EME**
Caixa Postal 1820 – CEP 13360-000 – Capivari-SP – Fone/fax: (19) 3491-7000 / 3491-5449
E-mail: vendas@editoraeme.com.br – Site: www.editoraeme.com.br

---

Jamiro dos Santos Filho

ENTREVISTANDO

ANDRÉ LUIZ

Capivari-SP
— 2009 —

Entrevistando André Luiz
Jamiro dos Santos Filho

2ª edição - abril/2009 - Do 5.001 ao 7.000 exemplares

A Editora EME mantém o Centro Espírita "Mensagem de Esperança" e patrocina junto com outras empresas a Central de Educação e Atendimento da Criança (Casa da Criança de Capivari).

Capa:
Nori Figueiredo

Revisão:
Rubens Toledo e Lídia Regina M. Bonilha Curi

Diagramação:
Renan Braghieri Miguel

Ficha Catalográfica

Filho, Jamiro dos Santos.
Entrevistando André Luiz, Jamiro dos Santos Filho, (1ª edição, novembro/2008), 2ª edição, abril/2009 - Editora EME, Capivari-SP.
160 p.
1 - Ensinamentos espíritas.
2 - Entrevista com André Luiz - Espiritismo.

CDD 133.9

Sumário

PALAVRAS DO AUTOR

Antes de iniciar a leitura dessa "entrevista" montada com as obras do Espírito André Luiz, gostaria que o leitor amigo dispensasse alguns minutos de seu precioso tempo, pois necessárias se fazem algumas explicações.

Primeiramente, desejo expressar minha verdadeira admiração pela obra deste extraordinário Espírito, que se fez, por méritos, porta-voz dos Mensageiros do Bem, através da psicografia de Chico Xavier.

Estes Espíritos Superiores se escondem em nomes desconhecidos pela história da humanidade. No entanto, são eles mesmos que retornam, agora em outros sítios, prosseguindo em suas lides, por amor a Jesus, em socorro àqueles que permanecem na retaguarda da iluminação interior.

André Luiz é aquele que se fez exemplo para quantos de nós ainda permanecemos nas opiniões imutáveis, não aceitando a Verdade e as realidades descortinadas pelo progresso inevitável a que somos destinados.

Por se fazer humilde e por seu desejo de iluminar-se, despertou a atenção e o carinho daqueles que colaboram com o Cristo na condução dos destinos humanos. E assim, tornou-se o repórter da Luz, e traz a esperança para todos, mesmo àqueles que se julgam perdidos. Revela o mundo de que o Divino Mestre havia falado, quando asseverou que "há muitas moradas na Casa de meu Pai". As suas palavras despertam corações adormecidos e mentes cristalizadas, revolucionam idéias, alteram destinos, derrubam preconceitos.

Aquele que se aventura pelo mundo encantador de André Luiz não retrocede jamais... É impossível conhecer o conteúdo de sua mensagem e ignorar a transformação que se faz em nosso íntimo.

Ainda há muito por falar e agradecer. Como falar de André Luiz e ignorar Chico Xavier? Ambos, gigantes que se fizeram pequenos para servir ao Divino Amigo. O primeiro é invisível aos nossos olhos: apresentou-se sob um pseudônimo, evitando que a exploração o alcançasse. O outro atestou a evolução espiritual numa existência inteira marcada pela simplicidade de homem "inculto" do interior mineiro.

Não tenho dúvida de que, assim como a obra

de Allan Kardec, a de André Luiz certamente será instrumento de estudos e pesquisas no futuro, em todas as áreas do conhecimento humano. Isso porque o tempo não a destruirá; ao contrário, confirmará tudo o que ela traz. Aos homens de ciência caberá a missão de reconhecer o quanto André Luiz os antecedeu. Os religiosos saberão das Verdades que o Cristo pronunciou...

A intenção de publicar este pequeno volume é despertar os leitores para as belezas da obra de André Luiz.

Em nenhum momento tivemos a pretensão de "arrematar" um tema. Foram elaboradas apenas algumas "perguntas" a André, sabendo que cada tema aqui abordado daria outro livro. Por isso, procuramos fazer as "perguntas" mais básicas possíveis, conscientes de que, para saber mais, necessário se faz buscar o volume original e ainda pesquisar vários livros.

Mas, quando temos somente alguns minutos para uma leitura rápida, certamente este volume despertará nossa curiosidade, e, assim, em outra oportunidade, buscaremos o volume inteiro de André Luiz.

Não podemos negar que a nossa intenção também é alcançar os corações dos profitentes de outras escolas religiosas. Ao folhear este volume, quem sabe não estarão descobrindo aquilo que sua alma há tanto tempo procura?

Esclarecemos, ainda, que as respostas de André Luiz são textuais. Em nenhuma delas colocamos uma só palavra de nossa autoria. Por isso, às vezes, as respostas poderão parecer estranhas, pois, não raro, é alguém que conta sua história, sua experiência e suas dores. Doutras vezes, a resposta pode estar vindo de um dos benfeitores espirituais que permeiam a obra de André Luiz, como Clarêncio, Calderaro, Alexandre e tantos outros...

Portanto, amigo leitor, observe a objetividade das respostas de André Luiz. Encante-se com o conteúdo de cada tema abordado. E, sobretudo, rejubile-se com as perfeitas Leis do Pai Celestial e o amor do Divino Amigo por todos nós.

Posteriormente, quando seu coração chamar, faça uma fantástica e inesquecível viagem pelo mundo maravilhoso de André Luiz e Chico Xavier, com a permissão do Divino Amigo. Inicie com o surpreendente *Nosso Lar* e prossiga, até atingir o suave *E a Vida Continua...*

Boa viagem!

O Autor

I

ANDRÉ LUIZ

Quem foi André Luiz na Terra?

Fui médico, aquinhoado com todas as benesses no capítulo dos estudos. Nunca soube o preço de um livro, porque meus pais, generosos, custeavam-me todas as despesas. Logo depois de graduado, comecei a receber proventos compensadores. Não tive sequer as dificuldades do médico pobre, compelido a mobilizar relações afetivas para fazer clínica. Prosperei tão rapidamente, que transformei facilidades conquistadas em carreira para a morte prematura do corpo. Enquanto moço e sadio, cometi numerosos abusos, dentro do quadro de trabalho a que Jesus me conduziu. Recebi uma ficha de médico. Penetrei o templo da Medicina, mas minha ação nesse campo não se verificou em normas que me autorizem endossar meus atuais desejos. Como me transformar, de um momento para o outro, em médico de Espíritos enfermos, quando fiz questão de circunscrever observações exclusivamente à esfera do corpo físico? Não nego minha capacidade de excelente fisiologista, mas o campo da vida é muito extenso. Logo após minha vinda, pediram ao Ministério do Esclarecimento providenciasse a obtenção de minhas notas, que foram examinadas atentamente. Muita imprevidência, numerosos abusos e muita irreflexão, mas, nos quinze anos de minha clínica, também proporcionei receituário gratuito a mais de 6 mil necessitados. Na maioria das vezes, pratiquei esses atos meritórios, absolutamente por troça; mas, presentemente, pude verificar que, mesmo por troça, o verdadeiro bem espalha bênçãos em nossos caminhos. Desses beneficiados, quinze não me esqueceram e têm enviado, até aqui, veementes apelos a meu favor. Devo esclarecer, no entanto, que mesmo o bem que proporcionei aos indiferentes surge aqui a meu favor. (*Nosso Lar,* capítulo 14.)

Qual a causa de sua morte?

Oclusão intestinal. A oclusão derivava de elementos cancerosos, e estes, por sua vez, de algumas leviandades no campo da sífilis. A moléstia talvez não assumisse características tão graves, se o meu procedimento mental no planeta estivesse enquadrado nos princípios da fraternidade e da temperança. Entretanto, meu modo especial de conviver, muitas vezes exasperado e sombrio, captava destruidoras vibrações naqueles que me ouviam. Nunca imaginou que a cólera fosse manancial de forças negativas para nós mesmos? A ausência de autodomínio, a inadvertência no trato com os semelhantes, aos quais muitas vezes ofendi sem refletir, conduziam-me freqüentemente à esfera dos seres doentes e infelizes. Tal circunstância agravou, de muito, o meu estado físico. Todo o aparelho gástrico foi destruído à custa de excessos de alimentação e bebidas alcoólicas, aparentemente sem importância. Devorou-me a sífilis energias essenciais. Como vê, o suicídio é incontestável. Na verdade, minha posição é a do suicida inconsciente; mas é necessário reconhecer que centenas de criaturas se ausentam diariamente da Terra nas mesmas condições. (*Nosso Lar,* capítulo 4.)

Por quanto tempo permaneceu em aflição?

A permanência nas esferas inferiores durou mais de oito anos consecutivos. (*Nosso Lar,* capítulo 7.)

II

NOSSO LAR

Conte um pouco da história da cidade chamada Nosso Lar.

Nosso Lar é antiga fundação de portugueses distintos, desencarnados no Brasil, no século XVI. A princípio, a luta foi enorme e exaustiva, segundo consta em nossos arquivos no Ministério do Esclarecimento. Há substâncias ásperas nas zonas invisíveis aos que se encontram sobre a Terra, como as regiões que se caracterizam pela matéria grosseira. Aqui também existem enormes extensões de potencial inferior, como há, no planeta, grandes tratos de natureza rude e incivilizada. Os trabalhos primordiais foram desanimadores, mesmo para os Espíritos fortes. Onde se congregam hoje vibrações delicadas e nobres, edifícios de fino lavor, misturavam-se as notas primitivas dos silvícolas do

País e as construções infantis de suas mentes rudimentares. Os fundadores não desanimaram, porém. Prosseguiram na obra, copiando o esforço dos europeus que chegavam à esfera material, apenas com a diferença de que, por lá, se empregava a violência, a guerra, a escravidão, e, aqui, o serviço perseverante, a solidariedade fraterna, o amor espiritual. (*Nosso Lar*, capítulo 8.)

Como é a organização diretiva em Nosso Lar?

A colônia, que é essencialmente de trabalho e realização, divide-se em seis ministérios, orientados, cada qual, por 12 ministros. Temos os Ministérios da Regeneração, do Auxílio, da Comunicação, do Esclarecimento, da Elevação e da União Divina. Impressionou-me o espetáculo das ruas. Vastas avenidas, enfeitadas de árvores frondosas. Ar puro, atmosfera de profunda tranqüilidade espiritual. Não havia, porém, qualquer sinal de inércia ou de ociosidade, porque as vias públicas estavam repletas. Entidades numerosas iam e vinham.(*Nosso Lar*, capítulo 8.)

De que forma o trabalho é organizado e recompensado?

Por meio do bônus-hora. Ele não é propriamente moeda, mas ficha de serviço individual, funcionando como valor aquisitivo. Todos cooperam no engrandecimento do patrimônio comum e dele vivem. Os que trabalham, porém, adquirem direitos justos. Cada habitante do Nosso Lar recebe provisões de pão e roupa, no que se refere ao estritamente necessário; mas os que se esforçam na obtenção do bônus-hora conseguem certas prerrogativas na comunidade social. O Espírito que ainda não trabalha poderá ser abrigado aqui; no entanto, os que cooperam podem ter casa própria. O ocioso vestirá, sem dúvida; mas o operário dedicado vestirá o que melhor lhe pareça, compreendeu? Os inativos podem permanecer nos campos de repouso, ou nos parques de tratamento, favorecidos pela intercessão de amigos; entretanto, as almas operosas conquistam o bônus-hora e podem gozar a companhia de irmãos queridos, nos lugares consagrados ao entretenimento ou o contato de orientadores sábios, nas diversas escolas dos Ministérios em geral. Precisamos conhecer o preço de cada nota de melhoria e elevação. Cada um de nós, os que trabalhamos, deve dar, no mínimo, oito horas de serviço útil, nas vinte e quatro de que o dia se constitui. Os programas de trabalho, porém, são numerosos e a Governadoria permite quatro horas de esforço extraordinário, aos que desejem colaborar no trabalho comum, de boa-vontade. Desse modo, há muita gente que consegue 72 bônus-hora por semana, sem falar dos serviços sacrificiais, cuja remuneração é duplicada e, às vezes, triplicada. (*Nosso Lar,* capítulo 22.)

Todas as colônias espirituais são iguais?

De modo algum. Se nas esferas materiais cada região e cada estabelecimento revelam traços peculiares, imagine a multiplicidade de condições em nossos planos. Aqui, tal como na Terra, as criaturas se identificam pelas fontes comuns de origem e pela grandeza dos fins que devem atingir; mas importa considerar que cada colônia, como cada entidade, permanece em degraus diferentes na grande ascensão. Todas as experiências de grupo diversificam-se entre si e Nosso Lar constituiu uma experiência coletiva dessa natureza. Segundo nossos arquivos, muitas vezes os que nos antecederam buscaram inspiração nos trabalhos de abnegados trabalhadores de outras esferas; em compensação, outros agrupamentos buscam o nosso concurso para outras colônias em formação. Cada organização, todavia, apresenta particularidades essenciais. (*Nosso Lar*, capítulo 11.)

III

UMBRAL

Poderia falar um pouco sobre o Umbral?

O Umbral começa na crosta terrestre. É a zona obscura de quantos no mundo não se resolveram a atravessar as portas dos deveres sagrados, a fim de cumpri-los, demorando-se no vale da indecisão ou no pântano dos erros numerosos. Todas as multidões de desequilibrados permanecem nas regiões nevoentas, que se seguem aos fluidos carnais. (*Nosso Lar*, capítulo 12.)

E isto se dá por quê?

Imagine que cada um de nós, renascendo no planeta, somos portadores de um fato sujo, para lavar no tanque na vida humana. Essa roupa imunda é o corpo causal tecido por nossas mãos, nas experiências anteriores. Compartilhando, de novo, as bênçãos da oportunidade terrestre, esquecemos, porém, o objetivo essencial, e, ao invés de nos purificarmos pelo esforço da lavagem, manchamo-nos ainda mais, contraindo novos laços e encarcerando-nos a nós mesmos em verdadeira escravidão. O Umbral funciona, portanto, como região destinada a esgotamento de resíduos mentais; uma espécie de zona purgatorial, onde se queima, a prestações, o material deteriorado das ilusões que a criatura adquiriu por atacado, menosprezando o sublime ensejo de uma existência terrena. (*Nosso Lar*, capítulo 12.)

Quem são os Espíritos que vivem aí?

Há legiões compactas de almas irresolutas e ignorantes, que não são suficientemente perversas para serem enviadas a colônias de reparação mais dolorosa, nem bastante nobres para serem conduzidas a planos de elevação. Não é de estranhar, portanto, que semelhantes lugares se caracterizam por grandes perturbações. Lá vivem, agrupam-se, os revoltados de toda espécie. Formam, igualmente, núcleos invisíveis de notável poder. Nosso Lar tem uma sociedade espiritual, mas esses núcleos possuem infelizes, malfeitores e vagabundos de várias categorias. É zona de verdugos e vítimas, de exploradores e explorados. (*Nosso Lar*, capítulo 12.)

Nesses lugares de dor, a proteção divina não existe?

Não obstante as sombras e angústias do Umbral, a proteção divina nunca faltou ali. Cada Espírito lá permanece o tempo que se faz necessário. Para isso, meu amigo, permitiu o Senhor se erigissem muitas colônias como esta, consagradas ao trabalho e ao socorro espiritual. (*Nosso Lar*, capítulo 12.)

Conhece algum lugar de socorro em região inferior assim como Nosso Lar?

Eu e Hilário visitamos a Mansão da Paz, notável escola de reajuste da qual Druso é o diretor abnegado e amigo. O estabelecimento está situado nas regiões inferiores. Era bem uma espécie de Mosteiro São Bernardo, em zona castigada por natureza hostil, com uma sombra espessa que se adensava constantemente. O casario enorme, semelhante a vasta cidadela instalada com todos os recursos de segurança e defesa, mantém setores de assistência e cursos de instrução, nos quais médicos e sacerdotes, enfermeiros e professores encontram, depois da morte terrestre, aprendizados e que-fazeres da mais elevada importância. (*Ação e Reação*, capítulo 1.)

Na Mansão da Paz todo mundo é socorrido?

Sim, mas a salvação só é realmente importante para aqueles que desejam salvar-se. Para cá do túmulo, a surpresa para mim mais dolorosa foi essa, o encontro com feras humanas, que habitavam o templo da carne, à feição de pessoas comuns. Se acolhidas aqui, sem a necessária preparação, atacar-nos-iam de pronto, arrasando-nos o instituto de assistência pacífica. E não podemos esquecer que a ordem é base da caridade. (*Ação e Reação*, capítulo 1.)

Esses Espíritos não têm consciência alguma de sua atual situação?

Raros deles. As criaturas que se mantêm assim desabrigadas, depois do túmulo, são aquelas que não se acomodam com o refúgio moral de qualquer princípio nobre. Eles trazem o íntimo turbilhonado e tenebroso, qual a própria tormenta, em razão dos pensamentos desgovernados e cruéis de que se nutrem. Odeiam e aniquilam, mordem e ferem. Alojá-los, de imediato, nos santuários de socorro aqui estabelecidos, será o mesmo que asilar tigres desarvorados entre fiéis que oram num templo. (*Ação e Reação*, capítulo 1.)

Poderia contar sua experiência quando visitou uma cidade no Umbral?

Após a travessia de várias regiões, em descida, com escalas por diversos postos e instituições socorristas, penetramos vasto domínio de sombras. A vegetação exibia aspecto sinistro e angustiado. O que mais contristava, porém, não era o quadro desolador, mais ou menos semelhante a outros de meu conhecimento, e, sim, os apelos cortantes que provinham dos charcos. Gemidos tipicamente humanos eram pronunciados em todos os tons. Em minutos breves, atravessamos vastíssima aglomeração de vielas, reunindo casario decadente e sórdido. Rostos horrendos contemplavam-nos furtivamente, a princípio, mas, à medida que varávamos o terreno, éramos observados com atitude agressiva por transeuntes de miserável aspecto. Alguns quilômetros de via pública, repletos de quadros deploráveis, desfilaram a nossos olhos. Mutilados às centenas, aleijados de todos os matizes, entidades visceralmente desequilibradas, ofereciam-nos paisagens de arrepiar. Liteiras e carruagens transportavam personalidades humanas, trajadas de modo surpreendente, em que o escarlate exercia domínio, acentuando a dureza dos rostos que emergiam dos singulares indumentos. (*Libertação*, capítulo 4.)

Para encerrar este tópico, gostaria de saber se o sofrimento nas esferas inferiores quita os nossos débitos...

O desespero vale por demência a que as almas se atiram nas explosões de incontinência e revolta. Não serve como pagamento nos tribunais divinos. Não é razoável que o devedor solucione com gritos e impropérios os compromissos que contraiu mobilizando a própria vontade. Aliás, dos desmandos de ordem mental a que nos entregamos, desprevenidos, emergimos sempre mais infelizes, por mais endividados. (*Ação e Reação*, capítulo 1.)

Se o homem, ainda na carne, pudesse vislumbrar essas paisagens...

Isso realmente modificaria a face moral do mundo. (*Ação e Reação*, capítulo 1.)

IV

DÉBITOS

Nossos débitos deverão ser quitados somente ao nosso credor?

Embora estejamos todos, uns diante dos outros, em processo reparador de culpas recíprocas, em verdade, antes de tudo, somos devedores da Lei em nossas consciências. Fazendo o mal aos outros, praticamos o mal contra nós mesmos. Se o credor se ergueu a plenos céus, nos veremos atormentados pelas recordações que traçamos para nós mesmos e pagaremos em serviço a outras almas da senda evolutiva o débito que nos onera o Espírito, de vez que, ferindo os outros, na essência estamos ferindo a obra de Deus, de cujas leis soberanas nos fazemos réus infelizes, reclamando quitação e reajuste. (*Ação e Reação*, capítulo 14.)

Um Espírito reencarna programado para sofrer certa doença por um determinado tempo. É possível amenizar seus tormentos e diminuir o tempo a sofrer?

É possível. Adelino, por exemplo, mereceu a limitação da enfermidade congênita de que é portador. Tendo sofrido, por longo tempo, o trauma perispirítico do remorso, por haver incendiado o corpo do próprio pai, nutriu em si mesmo estranhas labaredas mentais que o castigaram intensamente além-túmulo. Renasceu, por isso, com a epiderme atormentada por vibrações calcinantes que, desde cedo, se lhe expressaram na nova forma física por eczema de mau caráter... Semelhante moléstia, em face da dívida em que se empenhou, deveria cobrir-lhe todo o corpo, durante muitos e angustiosos lustros de sofrimento, mas, pelos méritos que ele foi adquirindo, a enfermidade não tomou proporções que o impedissem de aprender e trabalhar, porquanto granjeou a ventura de continuar a servir, pelo seu impulso espontâneo na plantação constante do bem. (*Ação e Reação,* capítulo 16.)

Existem aqueles Espíritos que se submetem a provas e sacrifícios em favor do progresso da humanidade?

Aqueles que possuem grandes créditos morais dispõem desse direito. Assim é que vi a muitos se habilitando para sofrer a morte violenta, em favor do progresso da Aeronáutica e da Engenharia, da navegação marítima e dos transportes terrestres, da ciência médica e da indústria em geral. (*Ação e Reação*, capítulo 18.)

Isso quer dizer que ninguém se eleva ao Céu sem quitação com a Terra?

Será mais lícito afirmar que ninguém se eleva a pleno céu, sem plena quitação com a Terra. Quanto mais céu interior na alma, através da sublimação da vida, mais ampla incursão da alma nos céus exteriores, até que se realize a suprema comunhão dela com Deus, Nosso Pai. Nenhuma felicidade ambiente será verdadeira felicidade em nós, sem a implícita aprovação de nossa consciência. (*Ação e Reação*, capítulo 18.)

V

DESENCARNAÇÃO PRECOCE

A desencarnação em plena infância é uma punição das Leis Divinas?

Muitas existências são frustradas no berço, não por simples punição externa da Lei Divina, mas porque a própria Lei Divina funciona em todos nós, desde que todos existimos no hausto do Criador. Freqüentemente, através do suicídio, integralmente deliberado, ou do próprio desregramento, operamos em nossa alma calamitosos desequilíbrios, quais tempestades ocultas, que desencadeamos, por teimosia, no campo da natureza íntima. Segundo observamos, portanto, as existências interrompidas, no alvorecer do corpo denso, raramente constituem balizas terminais de prova indispensável na senda humana, porque, na maioria dos sucessos em que se evidenciam, representam cursos rápidos de socorro ou tratamento do corpo espiritual desequilibrado por nossos próprios excessos e inconseqüências. (*Evolução em Dois Mundos*, capítulo 17, segunda parte.)

E todos os Espíritos podem selecionar o gênero de luta em que saldam as suas contas?

Nem todos. Aqueles que possuem grandes créditos morais dispõem desse direito. Assim é que vi a muitos se habilitando para sofrer morte violenta, em favor do progresso da Aeronáutica e da Engenharia, da navegação marítima e dos transportes terrestres, da ciência médica e da indústria em geral, verificando, no entanto, que a maioria, por força dos débitos contraídos e consoante os ditames da própria consciência, não alcançam semelhante prerrogativa, cabendo-lhes aceitar, sem discutir, amargas provas na infância, na mocidade ou na velhice, através de acidentes diversos, desde a mutilação primária até a morte, de modo a redimir-se de faltas graves. (*Ação e Reação*, capítulo 18.)

E os pais? Também estarão eles quitando débitos de consciência?

Como não? As entidades que necessitam de tais lutas expiatórias são encaminhadas aos corações que se acumpliciaram com elas em delitos lamentáveis, no pretérito distante ou recente, ou, ainda, aos pais que faliram junto dos filhos, em outras épocas, a fim de que aprendam na saudade cruel e na angústia inominável o respeito e o devotamento, a honorabilidade e o carinho que todos devemos na Terra ao instituto da família. A dor coletiva é o remédio que nos corrige as falhas mútuas. (*Ação e Reação*, capítulo 18.)

Então, tudo isso faz parte de um programa?

Sim, sem dúvida. Quase todos temos do pretérito expressivo montante de débito a resgatar e todos somos desafiados pelas aquisições a fazer. Nisso está o programa, significando em si uma espécie de fatalidade relativa no ciclo de experiências que nos cabe atender; entretanto, a conduta é sempre nossa e, dentro dela, podemos gerar circunstâncias em nosso benefício ou em nosso desfavor. (*Entre a Terra e o Céu*, capítulo 2.)

Se há mortes prematuras, existem aqueles que vivem além do programado. O senhor poderia nos dar um exemplo?

A irmã Albina foi autorizada a permanecer na Crosta Planetária por mais tempo, razão por que a desencarnação foi adiada *sine die*. Certa rogativa influíra decisivamente no assunto. Ao invés de auxílio para a liberação, a velha educadora receberia forças para se demorar na Crosta. (*Obreiros da Vida Eterna*, capítulo 17.)

Há outro exemplo de prorrogação da existência?

Recordando meus antigos trabalhos médicos nos casos extremos de transfusão de sangue, vi Alexandre funcionar como verdadeiro magnetizador. Via-o perfeitamente no esforço de transferir vigorosos fluidos de Afonso para o organismo de Antônio, já moribundo. À medida que o instrutor movimentava as mãos sobre o cérebro de Antônio, este revelava sinais crescentes de melhoras. Depois de um quarto de hora, segundo meu cálculo de tempo, Alexandre chamou a velhinha e acentuou: "Justina, Antônio terá, no máximo, cinco meses a mais, de permanência na Terra. Se você pleiteou o auxílio de agora para ajudá-lo a resolver negócios urgentes, não perca as oportunidades, porque os reparos deste instante não perdurarão por mais de 150 dias. Se o nosso amigo despreocupar-se da autocorrigenda, talvez desencarne antes dos cinco meses. Toda cautela é indispensável". (*Missionários da Luz*, capítulo 7.)

VI

LINGUAGEM DOS ESPÍRITOS

Os Espíritos se comunicam em um só idioma?

Estamos ainda muito longe das regiões ideais da mente pura. Tal como na Terra, os que se afinam perfeitamente entre si podem permutar pensamentos, sem as barreiras idiomáticas; mas, de modo geral, não podemos prescindir da forma, no lato sentido da expressão. Nosso campo de lutas é imensurável. A humanidade, constituída de bilhões de seres, une-se à humanidade invisível do Planeta, que integra bilhões de criaturas. Não seria, portanto, possível atingir as zonas aperfeiçoadas, logo após a morte do corpo físico. (*Nosso Lar*, capítulo 24.)

Neste caso, há Espíritos que falam vários idiomas?

Os patrimônios nacionais e lingüísticos remanescem ainda aqui, condicionados a fronteiras psíquicas. Nos mais diversos setores de nossa atividade espiritual existe elevado número de Espíritos libertos de todas as limitações, mas insta considerar que a regra é sofrer-se dessas restrições. Nada enganará o princípio de seqüência, imperante nas leis evolutivas. (*Nosso Lar*, capítulo 24.)

Mas, nas Esferas mais elevadas, a linguagem é expressa de modo diferente?

Incontestavelmente, a linguagem do Espírito é, acima de tudo, a imagem que exterioriza de si próprio. Círculos espirituais existem, em planos de grande sublimação, nos quais os desencarnados, sustentando consigo mais elevados recursos de riqueza interior, pela cultura e pela grandeza moral, conseguem plasmar, com as próprias idéias, quadros vivos que lhes confirmem a mensagem ou o ensinamento, seja em silêncio, seja com a despesa mínima de suprimento verbal, em livres circuitos mentais de arte e beleza. (*Evolução em Dois Mundos*, capítulo 2, segunda parte.)

Portanto, em cada nação, no seu espaço espiritual correspondente, os Espíritos falam a mesma língua de quando eram encarnados?

Não obstante reconhecermos que a imagem está na base de todo intercâmbio entre as criaturas encarnadas ou não, é forçoso observar que a linguagem articulada, no chamado espaço das nações, ainda possui fundamental importância nas regiões a que o homem comum será transferido imediatamente após desligar-se do corpo físico. (*Evolução em Dois Mundos*, capítulo 2, segunda parte.)

VII

TRÂNSITO ENTRE AS ESFERAS ESPIRITUAIS

Conte-nos sobre a sua primeira experiência ao visitar sua mãe, em esfera superior ao Nosso Lar.

Recolhido ao quarto confortável e espaçoso, orei ao Senhor da Vida agradecendo-Lhe a bênção de ser útil. Daí a instantes, sensações de leveza invadiram-me a alma toda e tive a impressão de ser arrebatado em pequenino barco, rumando regiões desconhecidas. Para onde me dirigia? Impossível responder. A meu lado, um homem silencioso sustinha o leme. Qual a criança, que não pode enumerar nem definir as belezas do caminho, eu me deixava conduzir sem exclamações de qualquer natureza, extasiado, embora com as magnificências da paisagem. Parecia-me que a embarcação seguia célere, não obstante os movimentos de ascensão. Decorridos minutos, vi-me à frente de um porto maravilhoso, onde alguém me chamou com especial carinho. Desembarquei com precipitação verdadeiramente infantil. Reconheceria aquela voz entre milhares. Num momento, abraçava minha mãe em transbordamentos de júbilo. Eu sabia, perfeitamente, que deixara o veículo inferior no apartamento das Câmaras de Retificação, em Nosso Lar. (*Nosso Lar*, capítulo 36.)

Existem estradas ligando os Planos Espirituais?

Pois não sabia? As regiões inferiores, entre Nosso Lar e os círculos da carne, são tão grandes, que exigem estrada ampla e bem cuidada, as quais requerem também conservação, como as importantes rotas terrestres. Por lá, obstáculos físicos; por cá, obstáculos espirituais. As vias de comunicação normais destinam-se a intercâmbio indispensável. Os que se encontram nas tarefas da nossa rotina sagrada precisam livre trânsito, e os que se dirigem da esfera superior à reencarnação devem seguir com a harmonia possível, sem contato direto com as expressões dos círculos mais baixos. (*Os Mensageiros*, capítulo 14.)

Todos os Espíritos estão sujeitos ao trânsito por estas estradas?

Pela expressão do bondoso instrutor (Aniceto), concluí que ele poderia voltar à colônia quando quisesse, que não encontraria obstáculos de nenhuma ordem, em parte alguma, em razão do poder espiritual de que se achava revestido, mas se fazia peregrino, como nós, por devotamento à missão de ensinar. Vicente e eu não dispúnhamos de expressão vibratória adequada aos grandes feitos. Éramos vulgares, quanto o era a maioria dos habitantes da nossa cidade espiritual. Possuíamos apenas alguns princípios de volitação; contudo, permanecíamos muito distantes do verdadeiro poder. (*Os Mensageiros*, capítulo 14.)

Conheceu alguém que habita alguma Esfera Superior?

Sim. Asclépios pertence a comunidades redimidas do Plano dos Imortais, nas regiões mais elevadas da zona espiritual da Terra. Vive muito acima de nossas noções de forma, em condições inapreciáveis à nossa atual conceituação da vida. Já perdeu todo contato direto com a Crosta Terrestre e só poderia fazer-se sentir, por lá, através de enviados e missionários de grande poder. Apreciável é o sacrifício dele, vindo até nós, embora a melhoria de nossa posição, em relação aos homens encarnados. Vem aqui raramente. Não obstante, algumas vezes, outros mentores da mesma categoria visitam-nos por piedade fraternal. (*Obreiros da Vida Eterna*, capítulo 3.)

É possível algum Espírito da cidade Nosso Lar visitar uma Esfera Superior?

Muitos companheiros nossos, por merecimentos naturais no trabalho, alcançam admiráveis prêmios de viagens, não só às esferas superiores do Planeta que nos serve de moradia, mas também aos círculos de outros mundos. Não devemos esquecer, porém, que a maioria efetua semelhantes excursões somente na qualidade de viajores, em processo estimulante do esforço pessoal, à maneira de jovens estudantes em passagem rápida pelos institutos técnicos e administrativos das grandes nações. Raros são ainda os filhos do Planeta em condições de representá-lo dignamente noutros orbes e círculos de vida do nosso sistema. (*Obreiros da Vida Eterna,* capítulo 3.)

VIII

GRAVIDEZ

Por que a mulher sofre tanto ao engravidar?

A mulher grávida, além da prestação de serviço orgânico à entidade que se reencarna, é igualmente constrangida ao contato espiritual, que sempre constitui um sacrifício quando se trata de alguém com escuros débitos de consciência. A organização feminina, durante a gestação, sofre verdadeira enxertia mental. (*Entre a Terra e o Céu*, capítulo 30.)

Portanto, há uma permuta intensa de pensamentos entre a mãe e o Espírito?

Os pensamentos do ser que se acolhe ao santuário íntimo, envolvem-na totalmente, determinando significativas alterações no seu cosmo biológico. Se o filho é senhor de larga evolução e dono de elogiáveis qualidades morais, ele consegue auxiliar o campo materno, prodigalizando-lhe sublimadas emoções e convertendo a maternidade, habitualmente dolorosa, em estação de esperanças e alegrias intraduzíveis. (*Entre a Terra e o Céu*, capítulo 30.)

Os chamados sinais de nascença são o resultado dessa permuta de pensamentos?

As mentes de um e de outro como que se justapõem, mantendo-se em permanente comunhão, até que a natureza complete o serviço que a ela cabe no tempo. De semelhante associação surgem os sinais de nascença. Certos estados íntimos da mulher alcançam de algum modo o princípio fetal e o marcam para a existência inteira. (*Entre a Terra e o Céu*, capítulo 30.)

A futura mãe fica mais sensível?

É comum a verificação de exagerada sensibilidade na mulher que engravida. A transformação do sistema nervoso, nessas circunstâncias, é indiscutível. Muitas vezes, a gestante revela decréscimo de vivacidade mental e, não raro, enuncia propósitos da mais rematada extravagância. Há mulheres que adquirem antipatias súbitas, outras se recolhem a fantasias tão inesperadas quanto injustificáveis. (*Entre a Terra e o Céu*, capítulo 30.)

E se o Espírito é um antigo desafeto do pai?

Isso ocorre sempre que um inimigo do pretérito volta à carne, a fim de resgatar débitos contraídos para com aquele que lhe servirá de pai. Quando o futuro filho não se encontra suficientemente equilibrado diante da Lei, e isso ocorre quase sempre, a mente maternal é suscetível de registrar os mais estranhos desequilíbrios, porque, à maneira de um médium, estará transmitindo opiniões e sensações da entidade que a empolga. (*Entre a Terra e o Céu*, capítulo 30.)

O Espírito que reencarna assume a forma infantil?

O fenômeno da redução perispiritual de Segismundo era um fato espantoso aos meus olhos. Foi, então, ó divino mistério da Criação Infinita de Deus que vi Raquel apertar a "forma infantil" de Segismundo de encontro ao coração, mas tão fortemente, tão amorosamente, que me pareceu uma sacerdotisa do Poder da Divindade Suprema. Segismundo ligara-se a ela como a flor se une à haste. Então, compreendi que, desde aquele momento, era alma de sua alma aquele que seria carne de sua carne. (*Missionários da Luz*, capítulo 13.)

Durante o sono físico, mãe e filho se reconhecem?

Na noite do vigésimo primeiro dia, abriu-se a porta magnética da câmara de Raquel à visitação.

A futura mãezinha, desligada do corpo pela doce influência do sono, sentia-se aliviada e quase ditosa. Notei que Segismundo fora igualmente aliviado. Os fios tenuíssimos que ligam os encarnados ao aparelho físico, quando em estado de temporária libertação, prendiam-no também à organização fetal. À medida que Raquel se afastava, também ele podia afastar-se, não lhe sendo, porém, possível abandonar a companhia maternal. Raquel asilava-o nos braços carinhosos, enquanto sorria, ali conosco, fora do campo material mais denso. (*Missionários da Luz*, capítulo 14.)

IX

MENTE

A mente do Espírito desencarnado pode adoecer?

Que pergunta! Cuidas que a maldade deliberada não seja moléstia da alma? Que o ódio não constitua morbo terrível? Supões, porventura, não haja "vermes mentais" da tristeza e da inconformação? Milhões vivem aqui, na posição em que nos achamos, mas outros milhões permanecem na carne ou em nossas linhas mais baixas de evolução, sob o guante de atroz demência. (*No Mundo Maior*, capítulo 3.)

E onde começa o nosso desequilíbrio?

Quase podemos afirmar que noventa em cem dos casos de loucura começam nas conseqüências das faltas graves que praticamos, com a impaciência ou com a tristeza, isto é, por intermédio de atitudes mentais que imprimem deploráveis reflexos ao caminho daqueles que as acolhem e alimentam. Pela rebeldia, a alma responsável pode encaminhar-se para muitos crimes, a cujos resultados nefastos se cativa indefinidamente; e pelo desânimo, é propensa a cair dos despenhadeiros da inércia, com fatal atraso nas edificações que lhe cabe providenciar. (*No Mundo Maior*, capítulo 16.)

Isso quer dizer que a rebeldia, a irritação e a tristeza são venenos da alma?

Temos milhões de pessoas irascíveis que, pelo hábito de se encolerizarem facilmente, viciam os centros nervosos fundamentais pelos excessos da mente sem disciplina, convertendo-se em portadores do "pequeno mal" em dementes precoces, em neurastênicos de tipos diversos ou em doentes de franjas epilépticas, que andam por aí, submetidos à hipoglicemia insulínica ou ao metrazol. (*No Mundo Maior*, capítulo 8.)

O problema é mais sério do que imaginamos...

Milhões de irmãos nossos se conservam semiloucos nos lares ou nas instituições; são companheiros incapazes do devotamento e da renúncia, a submergirem, pouco a pouco, no caliginoso tijuco das alucinações... O ciúme, a insatisfação, o desentendimento, a incontinência e a leviandade alastram terríveis fenômenos de desequilíbrio. (*No Mundo Maior*, capítulo 11.)

O que fazer?

Impossível é pretender a cura dos loucos à força de processos exclusivamente objetivos. É indispensável penetrar a alma, devassar o cerne da personalidade, melhorar os efeitos socorrendo as causas. (*No Mundo Maior*, capítulo 8.)

Atuar no doente somente com remédios não é a solução?

Os hipnóticos são úteis só na áspera fase de absoluta ignorância mental, quando é preciso neutralizar as células nervosas ante os prováveis atritos da organização perispirítica. Os elementos medicamentosos podem exercer tutela despótica sobre o cosmo orgânico, sempre que a mente não se disponha a controlá-la, recorrendo aos fatores educativos. Para a consciência que já acordou na espiritualidade superior, o remédio mais eficaz consiste na fé positiva, na autoconfiança, no trabalho digno, em pensamentos enobrecedores. Não restauraremos corpos doentes sem os recursos do Médico Divino das almas, que é Jesus Cristo. (*No Mundo Maior*, capítulo 8.)

X

ANJOS DA GUARDA

Poderia falar-nos um pouco, sobre os chamados anjos da guarda?

Anjo, segundo a acepção justa do termo, é mensageiro. Ora, há mensageiros de todas as condições e de todas as procedências e, por isso, a Antigüidade sempre admitiu a existência de anjos bons e anjos maus. Anjo da guarda, desde as concepções mais antigas, é uma expressão que define o Espírito celeste que vigia a criatura em nome de Deus, ou pessoa que se devota infinitamente a outra, ajudando-a e defendendo-a. (*Entre a Terra e o Céu,* capítulo 33.)

Os anjos de guarda estão em todas as esferas espirituais?

Os Espíritos tutelares encontram-se em todas as esferas; contudo, é indispensável tecer algumas considerações sobre o assunto. Os anjos da sublime vigilância, analisados em sua excelsitude divina, seguem-nos a longa estrada evolutiva. Desvelam-se por nós, dentro das Leis que nos regem. Todavia, não podemos esquecer que nos movimentamos todos em círculos multidimensionais. A cadeia de ascensão do Espírito vai da intimidade do abismo à suprema glória celeste. (*Entre a Terra e o Céu*, capítulo 33.)

O anjo da guarda fica ao lado de seu protegido?

A idéia de um ente divinizado e perfeito, invariavelmente ao nosso lado, ao dispor de nossos caprichos ou ao sabor de nossas dívidas, não concorda com a justiça. Que governo terrestre destacaria um de seus ministros mais sábios e especializados na garantia do bem de todos para colar-se, indefinidamente, ao destino de um só homem, quase sempre renitente cultor de complicados enigmas e necessitado, por isso mesmo, das mais severas lições da vida? Por que haveria de obrigar-se um arcanjo a descer da Luz Eterna para seguir, passo a passo, um homem deliberadamente egoísta ou preguiçoso? Tudo exige lógica, bom senso. (*Entre a Terra e o Céu*, capítulo 33.)

Então, nosso anjo da guarda não vive conosco?

Não digo isso. O sol está com o verme, amparando-o na furna, a milhões e milhões de quilômetros, sem que o verme esteja com o sol. (*Entre a Terra e o Céu*, capítulo 33.)

Afinal, quem são os nossos protetores?

Em qualquer região, convivem conosco os Espíritos familiares de nossa vida e de nossa luta. Dos seres mais embrutecidos aos mais sublimados, temos a corrente de amor, cujos elos podemos simbolizar nas almas que se querem ou que se afinam umas com as outras, dentro da infinita gradação do progresso. A família espiritual é uma constelação de Inteligências, cujos membros estão na Terra e nos Céus. Aquele que já pode ver mais um pouco auxilia a visão daquele que ainda se encontra em luta por desvencilhar-se da própria cegueira. Todos nós, por mais baixo nos revelemos na escala da evolução, possuímos, não longe de nós, alguém que nos ama a impelir-nos para a elevação. Todas as criaturas, individualmente, contam com louváveis devotamentos de entidades afins que se lhes afeiçoam. A orfandade real não existe. Em nome do Amor, todas as almas recebem assistência onde quer que se encontrem. (*Entre a Terra e o Céu*, capítulo 33.)

As crianças merecem cuidado especial? Há uma proteção mais de perto?

Na reencarnação de Segismundo, Alexandre ordenou: o nosso Herculano permanecerá em definitivo junto de Segismundo, na nova experiência, até que ele atinja os sete anos, após o renascimento, ocasião em que o processo reencarnacionista estará consolidado. Depois desse período, a sua tarefa de amigo e orientador será amenizada, visto que seguirá o nosso irmão em sentido mais distante. (*Missionários da Luz,* capítulo 13.)

É um erro supor que os anjos são Espíritos perfeitos?

O gênio guardião será sempre um Espírito benfazejo para o protegido, mas é imperioso anotar que os laços afetivos, em torno de nós, ainda se encontram em marcha ascendente para mais altos níveis da vida. Com toda a veneração que lhes devemos, importa reconhecer, nos Espíritos familiares que nos protegem, grandes e respeitáveis heróis do bem, mas ainda singularmente distanciados da angelitude eterna. (*Entre a Terra e o Céu,* capítulo 33.)

XI

RELIGIÃO

Há Espíritos desencarnados sob a direção de autoridades ainda ligadas à Igreja Católica, por exemplo?

Como não? Todas as escolas religiosas dispõem de grandes valores na vida espiritual. Como acontece à personalidade humana, as crenças possuem uma região clara e luminosa e uma outra ainda obscura. Em nossa alma, a zona lúcida vive alimentada pelos nossos melhores sentimentos, enquanto, no mundo sombrio de nossas experiências inferiores, habitam as inclinações e os impulsos que ainda nos encadeiam à animalidade. Nas religiões, o campo da sublimação está povoado pelos Espíritos generosos e liberais, conscientes de nossa suprema destinação para o bem, ao passo que, nas linhas escuras da ignorância, ainda enxameiam as almas pesadas de ódio e egoísmo. (*Entre a Terra e o Céu*, capítulo 34.)

E esses Espíritos trabalham para o Bem?

Há muitos que pertencem a organizações espirituais de servidores católicos, dedicados à caridade evangélica. Temos diversas instituições dessa natureza, em cujos quadros de serviço inúmeras entidades se preparam gradualmente para o conhecimento superior. (*Entre a Terra e o Céu*, capítulo 34.)

Sabem que desencarnaram? E prosseguem, assim mesmo, como se viam antes?

Cada Inteligência só recebe da verdade a porção que pode reter. (*Entre a Terra e o Céu*, capítulo 34.)

E eles estão informados de que a vida se estende a outras esferas, a outros domínios e a outros mundos? Percebem que o céu ou o inferno começa dentro de nós mesmos?

Isso não. Não oferecem a impressão de quem se libertou do círculo das próprias idéias para caminhar ao encontro das surpresas de que o Universo transborda. Mentalmente, revelam-se adstritos às concepções que elegeram na Terra, como sendo as mais convenientes à própria felicidade. (*Entre a Terra e o Céu*, capítulo 34.)

Por que tantas religiões no mundo?

Jesus fundou a Religião do Amor Universal, que os sacerdotes políticos dividiram em várias escolas orientadas pelo sectarismo injustificável. Malgrado esse erro lastimável dos homens, a essência dos vossos princípios é aquela mesma que sustentou a coragem e a nobreza dos trabalhadores sacrificados nos primeiros dias do Cristianismo. Porque alguns missionários das verdades religiosas olvidassem a Paternidade Divina e se permitissem desmandos da autoridade, preferindo a opressão e a tirania, não sois menos responsáveis, agora, pelos sagrados depósitos que Jesus nos confiou, destinados aos serviços de elevação humana e de santificação da Terra. (*No Mundo Maior*, capítulo 15.)

Há, no mundo, uma disputa ferrenha pela conquista de maior número de fiéis. E os templos estão cada vez mais suntuosos. Qual a sua opinião?

Perante os desafios do Céu, credes, acaso, servir a Deus encarcerando os serviços da fé nos templos suntuosos? A pompa do culto exterior só faz realçar o desatino de vossas perigosas ilusões acerca da vida espiritual. Infrutífera seria a divina missão do Mestre se a Boa Nova permanecesse circunscrita às trincheiras sectárias, onde presunçosamente vos refugiais, com o objetivo de inflamar a execranda fogueira das hostilidades simuladamente cordiais. Não encontrastes outra fórmula de externar a crença, além da concorrência menos digna? Em vão ergueis castelos de opinião para o verbalismo sem obras, porque, se a morte surpreende o materialista revel, descortinando-lhe o realismo da vida, o túmulo abre também o tribunal da reta justiça a quantos se valeram da religião para melhor dissimular a indiferença que lhes povoa o mundo íntimo. (*No Mundo Maior*, capítulo 15.)

O que dizer aos religiosos do mundo?

Jesus não confiou seus ensinamentos ao círculo estreito dos templos de pedra. Reverenciou, em verdade, os monumentos que recordassem os "lugares santos da oração", consagrados às manifestações superiores do Espírito; entretanto, não se cristalizou nas atitudes adorativas: viveu conquistando amigos para o Reino do Céu. Não impôs aos seus seguidores normas rígidas de ação: pedia-lhes amor e entendimento, fé sincera e bom ânimo para os serviços edificantes. Não limiteis, portanto, a demonstração da confiança no Altíssimo aos cerimoniais do culto externo. Varrei a indiferença que vos enregela as basílicas suntuosas. Mas convertamo-nos em verdadeiros irmãos uns dos outros. Transformemos, pois, a igreja no doce lar da família cristã, quaisquer que sejam as nossas interpretações. Esqueçamos a falsa afirmativa de que os tempos apostólicos passaram para sempre. Cada aprendiz do Evangelho guarda, na própria vida, um reduto destinado ao culto vivo do Divino Mestre, perante o qual caminha a multidão dos necessitados todos os dias... (*No Mundo Maior*, capítulo 15.)

Há diferença entre o atendimento a alguém que pede socorro em um templo espírita e o atendimento feito numa igreja católica?

Estivesse orando numa igreja católica romana ou num templo budista, receberia o socorro de nossa esfera, por intermédio desse ou daquele grupo de trabalhadores do Cristo. Naturalmente, aqui (templo espírita), no seio de uma organização indene das sombras do preconceito e do dogmatismo, nosso concurso fraternal pode ser mais eficiente, mais puro, e as suas possibilidades de aproveitamento são mais vastas. É preciso assinalar, porém, que os auxiliadores magnéticos transitam em toda parte, onde existam solicitações da fé sincera, distribuindo o socorro do Divino Mestre, dentro da melhor divisão de serviço. Onde vibre o sentimento sincero e elevado, aí se abre um caminho para a Proteção de Deus. (*Missionários da Luz*, capítulo 19.)

Imaginemos alguém sem fé, sem filiação a qualquer escola religiosa e sem qualquer atestado de merecimento na prática da virtude. Ainda assim receberia o benefício?

Se fosse uma criatura de sentimentos retos, embora infensa a qualquer religião, em suas meditações naturais receberia auxílio, não obstante menor, pela sua incapacidade de recepção mais intensa das nossas energias radiantes; mas, se ficasse integralmente mergulhada nas sombras da ignorância ou da maldade, permaneceria distante da colaboração de ordem superior e as suas forças físicas sofreriam desgastes violentos e inevitáveis, pela continuidade da intoxicação mental. Quem se fecha às idéias regeneradoras, fugindo às leis da cooperação, experimentará as conseqüências legítimas. (*Missionários da Luz*, capítulo 19.)

É possível aos Espíritos orientar católicos e protestantes encarnados quanto às verdades da reencarnação, por exemplo?

Sim. Os irmãos menos dogmáticos e mais liberais, em momentos de sono, se tornam suscetíveis de nossa influência mais direta. Pelas virtudes de que são portadores, tornam-se dignos das diretrizes dos planos mais altos. Importa compreender que a Proteção Divina desconhece privilégios. A graça celestial é como o fruto que sempre surge na fronde do esforço terrestre; onde houver colaboração digna do homem, aí se acha o amparo de Deus. (*No Mundo Maior*, capítulo 15.)

E há diferenças de compreensão das verdades divinas por parte dos religiosos?

Não é a confissão religiosa que nos interessa em sentido fundamental, senão a revelação de fé viva, a atitude positiva da alma diante da jornada de elevação. Claro é que as escolas da crença variam, situando-se cada uma em um círculo diferente. Quanto mais rudimentar é o curso de entendimento religioso, maior a combatividade inferior, que traça fronteiras infelizes de opinião e acirra hostilidades deploráveis, como se Deus não passasse de um ditador em dificuldades para manter-se no poder. Constituindo o Espiritismo evangélico prodigioso núcleo de compreensão sublime, é razoável seja considerado como escola cristã mais elevada e mais rica. Possuindo tamanhas bênçãos de conhecimento e de amor, cumpre-lhe estendê-las a todos os companheiros, ainda quando esses companheiros se mostrem rebeldes e ingratos em conseqüência da ignorância de que ainda não se conseguiram afastar. (*No Mundo Maior,* capítulo 15.)

Como se faz o auxílio ao encarnado no interior de uma Igreja?

O culto da oração é o meio mais seguro para a nossa influência. A mente que se coloca em prece estabelece um fio de intercâmbio natural conosco... A intuição beneficia em toda parte, e, quanto mais alto é o teor de qualidades nobres da criatura, mais ampla é a zona lúcida de que se serve para registrar o socorro espiritual. (*Entre a Terra e o Céu,* capítulo 11.)

No entanto, o culto público dificulta as meditações e preces...

O culto público, indiscutivelmente, qual vem sendo levado a efeito, nos tempos modernos, não favorece o contacto das forças superiores com a mente popular. Os interesses rasteiros, conduzidos à igreja, constituem sólido entrave contra o auxílio celeste. E a preocupação de riqueza e pompa, quase sempre mantida pelo sacerdócio nos ofícios, inutiliza por vezes os nossos melhores esforços, porque, enquanto a atenção da alma se prende a exterioridades, as forças contrárias ao bem e à luz encontram facilidades positivas para a cultura do fanatismo e da discórdia. Ainda assim, superando tais obstáculos, é sempre possível algo fazer em benefício do próximo. (*Entre a Terra e o Céu*, capítulo 11.)

Portanto, o serviço de amor ao próximo, em nome de Jesus, é sempre louvável?

Há grandes falanges de aprendizes de fraternidade em ação. Por mais desagradáveis se mostrem os quadros de luta, a nossa obrigação é servir. Se o ato religioso é simples, partilhado por mentes e corações sinceros, inclinados à caridade evangélica e centralizados na luz da oração, com os melhores sentimentos que possuem, o culto se reveste de grande valor, pelas vibrações de paz e carinho que arremessa na direção daquele a quem é endereçado. Freqüentemente, as missas humildes, realizadas aos primeiros cânticos da manhã, são as mais favoráveis ao nosso concurso. (*Entre a Terra e o Céu*, capítulo 11.)

No interior de uma igreja, os Espíritos socorrem encarnados e desencarnados?

O trabalho é complexo e divide-se em múltiplos setores. Não está limitado à esfera da experiência física.

Inumeráveis são as almas que, desligadas do corpo, recorrem aos altares, implorando esclarecimento... Outras, depois da morte, confiam-se a desequilibradas emoções, invocando a proteção dos Espíritos santificados... É preciso corrigir aqui e ajudar além... Agora, devemos injetar um pensamento reconstrutivo nessa ou naquela mente extraviada; depois, é imprescindível harmonizar circunstâncias, em favor desse ou daquele necessitado... A maioria das pessoas aceita a religião, mas não se preocupa em praticá-la. Daí nasce o terrível aumento das aflições e dos enigmas. (*Entre a Terra e o Céu,* capítulo 11.)

Como entender a religião diante de nosso Divino Mestre?

Com Jesus, a religião, como sistema educativo, alcança eminência inimaginável. Nem templos de pedra, nem rituais. Nem hierarquias efêmeras, nem avanço ao poder humano. O Mestre desaferrolha as arcas do conhecimento enobrecido e distribui os tesouros. Dirige-se aos homens simples de coração, curvados para a gleba do sofrimento, e ergue-lhes a cabeça trêmula para o Céu. Aproxima-se de quantos desconhecem a sublimidade dos próprios destinos e assopra-lhes a verdade, vazada em amor, para que o sol da esperança lhes renasça no ser. Abraça os deserdados e fala-lhes da Providência Infinita. Reúne, em torno de sua glória, que a humildade escondia, os velhos e os doentes, os cansados e os tristes, os pobres e os oprimidos, as mães sofredoras e as crianças abandonadas e entrega a estes as bem-aventuranças celestes. Ensina que a felicidade não pode nascer das posses efêmeras que se transferem de mão em mão, e sim da caridade e do entendimento, da modéstia e do trabalho, da tolerância e do perdão. Afirma-lhes que a Casa de Deus está constituída por muitas moradas, dos mundos que enxameiam o firmamento, e que o homem deve nascer de novo para progredir na direção da Sabedoria Divina. Proclama que a morte não existe e que a Criação é beleza e segurança, alegria e vitória em plena imortalidade. Pelas revelações com que vence a superstição e o crime, a violência e a perversidade, paga na cruz o imposto de extremo sacrifício aos preconceitos humanos, mas, reaparecendo redivivo, para a mesma Humanidade que o escarnecera e crucificara, desvenda-lhe, em novo cântico de humildade, a excelsitude da vida eterna. (*Evolução em Dois Mundos*, capítulo 20, primeira parte.)

XII

REUNIÃO PÚBLICA

As reuniões públicas nos templos religiosos são importantes?

A palavra desempenha significativo papel nas construções do Espírito. Sermões e conferências de sacerdotes e doutrinados, em variados setores da fé, sempre que inspirados no Infinito Bem, guardam o objetivo da elevação moral. Daí o valor do culto religioso respeitável, formando ambiente propício à ascensão espiritual, com indiscutíveis vantagens, não só para os Espíritos encarnados que a ele assistem, com sinceridade e fervor, mas também para os desencarnados que aspiram à própria transformação. (*Nos Domínios da Mediunidade,* capítulo 4.)

Então, se o encarnado está acompanhado por um Espírito desequilibrado, os dois poderão receber o socorro durante a reunião?

As almas em turvação mental que acompanham parentes, amigos ou desafetos às reuniões públicas da Instituição se desligam deles quando os encarnados se deixam renovar pelas idéias salvadoras, expressas na palavra dos que veiculam o ensinamento doutrinário. Modificado o centro mental daqueles a quem habitualmente vampirizam, essas entidades vêem-se como que despejadas de casa. (*Nos Domínios da Mediunidade*, capítulo 4.)

A reunião não modifica igualmente os Espíritos?

Algumas dessas almas, rebeladas, fogem dos templos de oração, detestando-lhes temporariamente os serviços e armando novas perseguições às suas vítimas, que procuram até o reencontro; contudo, outras, de algum modo tocadas pelas lições ouvidas, demoram-se no local das predicações, em ansiosa expectativa, famintas de maior esclarecimento. (*Nos Domínios da Mediunidade*, capítulo 4.)

Em todos os templos religiosos, os benfeitores espirituais procuram socorrer as almas desequilibradas?

Todos os santuários, em seus atos públicos, estão repletos de almas necessitadas que a eles comparecem, sem o veículo denso, as quais se encontram sequiosas de reconforto. Os expositores da boa palavra podem ser comparados a técnicos eletricistas, desligando "tomadas mentais", através dos princípios libertadores que distribuem na esfera do pensamento.

Em razão disso, as entidades vampirizantes operam contra eles, muitas vezes envolvendo-lhes os ouvintes em fluidos entorpecentes, conduzindo estes últimos ao sono provocado, para que se lhes adie a renovação. (*Nos Domínios da Mediunidade*, capítulo 4.)

E o que ocorre quando os encarnados não prestam atenção aos ensinamentos ouvidos?

Sem dúvida, passam pelos santuários da fé na condição de urnas cerradas. Impermeáveis ao bom aviso, continuam inacessíveis à mudança necessária. E este fenômeno se repete mesmo em igrejas de outras confissões religiosas. (*Nos Domínios da Mediunidade*, capítulo 4.)

André Luiz! Por que motivo os desencarnados comparecem a reuniões dos homens? Não seria preferível que o fizessem somente em lugares espirituais e esclarecidos pelos benfeitores espirituais?

A maioria dos desencarnados recebe esclarecimentos justos em nossa esfera de ação. Grande número de criaturas, porém, na passagem para cá, sentem-se possuídas de "doentia saudade do agrupamento". Para fortalecer as possibilidades de adaptação dos desencarnados desta ordem ao novo *habitat,* o serviço de socorro é mais eficiente ao contato das forças magnéticas dos irmãos que ainda se encontram envolvidos nos círculos carnais. O calor humano está cheio de um magnetismo de teor mais significativo para eles. Com semelhante contato, experimentam o despertar de forças novas. (*Os Mensageiros*, capítulo 48.)

Todos os encarnados colaboram durante a reunião?

O trabalho de cooperação, em templos desta espécie, oferece proporções que você, por agora, não conseguiria imaginar. Não observou os preguiçosos, os dorminhocos e invigilantes que vieram colher benefícios nesta casa? Pois eles também deram alguma coisa de si... Deram calor magnético, irradiações vitais proveitosas aos benfeitores deste santuário. Tudo tem um proveito. Nosso Pai nada cria em vão. (*Os Mensageiros*, capítulo 48.)

XIII

MÉDIUNS

Antes de reencarnarem, os médiuns são preparados no Mundo Espiritual?

O Centro de Mensageiros, no Ministério da Comunicação, prepara entidades a fim de que se transformem em cartas vivas de socorro e auxílio aos que sofrem no Umbral, na Crosta e nas Trevas. Organizamos turmas compactas de aprendizes para a reencarnação. Médiuns e doutrinadores saem daqui às centenas, anualmente. Tarefeiros do conforto espiritual encaminham-se para os círculos carnais, em quantidade considerável, habilitados pelo nosso Centro de Mensageiros. (*Os Mensageiros*, capítulo 3.)

E essa preparação é garantia de êxito do tarefeiro na Terra?

Essa preparação não constitui, ainda, a realização propriamente dita. Saem milhares de mensageiros aptos para o serviço, mas são muito raros os que triunfam. Alguns conseguem execução parcial da tarefa, outros muitos fracassam de todo. O serviço legítimo não é fantasia. É esforço sem o qual a obra não pode aparecer nem prevalecer. (*Os Mensageiros*, capítulo 3.)

Há muitos médiuns que iniciam a tarefa e logo desistem. Por quê?

Há muitos aprendizes que não ultrapassam a fronteira da tentativa, da observação. Desejariam que o caminho já estivesse aplainado, exigindo a convivência exclusiva dos Espíritos genuinamente bondosos. Experimentam a luta construtiva, através de sondagens superficiais e, à primeira dificuldade, abandonam compromissos assumidos. A aquisição da fortaleza moral não prescinde das provas arriscadas e angustiosas. Não suportam a aproximação de infelizes encarnados ou desencarnados, estacionando à menor picada da dor. Para semelhantes experimentadores, seria extremamente difícil a formação de equipes eficientes, representativas de nosso plano. Não se sabe quando estão dispostos a servir. Quando recebem faculdades intuitivas, pedem a incorporação; quando contam com a vidência, querem a possibilidade de exteriorizar fluidos vitais para os fenômenos de materialização. (*Obreiros da Vida Eterna*, capítulo 14.)

Então, nenhum médium na Terra pode afirmar que não esteja preparado?

Longas fileiras de médiuns e doutrinadores para o mundo carnal partem daqui, com as necessárias instruções, porque os benfeitores da Espiritualidade Superior, para intensificarem a redenção humana, precisam de renúncia e de altruísmo. Quando os mensageiros se esquecem do espírito missionário e da dedicação aos semelhantes, costumam transformar-se em instrumentos inúteis. Há médiuns e mediunidade, doutrinadores e doutrina, como existem a enxada e os trabalhadores. Pode a enxada ser excelente, mas, se falta espírito de serviço ao cultivador, o ganho da enxada será inevitavelmente a ferrugem. Assim acontece com as faculdades psíquicas e com os grandes conhecimentos. (*Os Mensageiros*, capítulo 3.)

Querem trabalhar com Jesus. No entanto, buscam comodidade?

A expressão mediúnica pode ser riquíssima; entretanto, se o dono não consegue olhar além dos interesses próprios, fracassará totalmente. Acredite, meu caro, que todo trabalho construtivo tem as batalhas que lhe dizem respeito. São muito escassos os servidores que toleram as dificuldades e reveses das linhas de frente. Esmagadora percentagem permanece à distância do fogo forte. Trabalhadores sem conta recuam quando a tarefa abre oportunidades mais valiosas. Não preparamos, pois, neste Centro, simples postalistas, mas Espíritos que se transformem em cartas vivas de Jesus para a Humanidade encarnada. Pelo menos este é o programa de nossa administração espiritual... (*Os Mensageiros*, capítulo 3.)

O único caminho para que o médium triunfe em sua tarefa será orientar-se em Cristo?

Por que audácia incompreensível vós imaginais a realização sublime sem vos afeiçoardes ao Espírito de Verdade, que é o próprio Senhor? Ouvi-me, irmãos meus!... Se vos dispondes ao Sérvio Divino, não há outro caminho senão ele, que detém a infinita luz da verdade e a fonte inesgotável da vida! Não existe outra porta para a mediunidade celeste, para o acesso ao equilíbrio divino que anelais no recôndito santuário do coração. Somente através dele, vivendo-lhe as sublimes lições, vós alcançareis a sagrada liberdade de entrar nos domínios da Espiritualidade e deles sair, conquistando o pão eterno que vos saciará a fome para sempre. Sem o Cristo, a mediunidade é simples "meio de comunicação" e nada mais, mera possibilidade de informação, como tantas outras, da qual poderão assenhorear-se também os interessados em perturbações, multiplicando presas infelizes. (*Missionários da Luz*, capítulo 9.)

XIV

MÉDIUNS E MEDIUNIDADE

A cidade espiritual Nosso Lar tem enviado médiuns à Terra?

Necessitamos de servidores que desejem integrar-se na escola evangélica da renúncia. Desde as primeiras tarefas do Espiritismo renovador, Nosso Lar tem enviado diversas turmas ao trabalho de disseminação de valores educativos. Centenas de companheiros partem daqui anualmente, aliando necessidades de resgate ao serviço redentor; mas ainda não conseguimos os resultados desejáveis. Alguns alcançaram resultados parciais nas tarefas a desenvolver, mas a maioria tem fracassado ruidosamente. Nossos institutos de socorro debalde movimentam medidas de assistência indispensável. Raríssimos conquistam algum êxito nos delicados misteres da mediunidade e da doutrinação. (*Os Mensageiros*, capítulo 6.)

Mas, a mediunidade ainda é ignorada ou incompreendida na Terra. Muitos religiosos atacam médiuns e a mediunidade. O que fazer?

As transições essenciais da existência na Terra encontram a maioria dos homens absolutamente distraídos das realidades eternas. A mente humana abre-se, cada vez mais, para o contacto com as expressões invisíveis, dentro das quais funciona e se movimenta. Isto é uma fatalidade evolutiva. Desejamos e necessitamos auxiliar as criaturas terrestres; todavia, contra a extensão de nosso concurso fraterno, operam dilatadas correntes de incompreensão. Combatem-nos algumas escolas cristãs, como se não colaborássemos com o Mestre Divino. A Igreja Romana classifica-nos a cooperação como diabólica. A Reforma Luterana, em seus matizes variados, persegue-nos a colaboração amistosa. Não podemos, porém, perder tempo no exame da teimosia alheia. Temos serviços complexos e dilatados. (*Os Mensageiros*, capítulo 5.)

A mediunidade é um instrumento de socorro aos que sofrem?

Como agir diante de milhões de enfermos e criminosos nas zonas visíveis e invisíveis da experiência humana? Pelo simples culto externo, como pretende a Igreja de Roma? Pelo ato de fé, exclusivamente, como espera a Reforma Protestante? Por mera afirmação da vontade, conforme pontificam certas escolas espiritualistas? Que outros irmãos nossos perseverem, tão-somente nas especulações teológicas; encaremos, porém, os serviços do Senhor, como se faz indispensável. A Humanidade terrena, atualmente, é como um grande organismo coletivo, cujas células, que são as personalidades humanas, se envolvem no desequilíbrio entre si, em processo mundial de reajustamento e redenção. (*Os Mensageiros,* capítulo 5.)

Por suas palavras, concluímos que o médium está investido de importante missão?

Quantos cooperam conosco vêem a extensão dos cipoais em que se debate a mente humana. Criminosos agarram-se a criminosos, doentes associam-se a doentes. Precisamos oferecer, no mundo, os instrumentos adequados às retificações espirituais e que habilitem nossos irmãos encarnados a um maior entendimento do Espírito do Cristo. Para consegui-lo, todavia, necessitamos de colaboradores fiéis, que não cogitem de condições, compensações e discussões, mas que se interessem pela sublimidade do sacrifício e de renunciação com o Senhor. Quem não deseje servir, procure outros gêneros de tarefa. A Comunicação não comporta perda de tempo nem experimentação doentia, sem grave prejuízo dos cooperadores incautos. (*Os Mensageiros,* capítulo 5.)

O que ocorrerá se o médium aceitar elogios falsos dos Espíritos que procuram desviá-lo da tarefa?

Tais dificuldades são lições valiosas que o Espírito do medianeiro, entre encarnados e desencarnados, deve aproveitar em benditas experiências e não nos compete subtrair o ensinamento ao aprendiz. Enquanto um trabalhador da mediunidade empresta ouvidos às histórias que lhe lisonjeiem a esfera pessoal, disso fazendo condição para cooperar na obra do bem, quer dizer que ainda estima o personalismo inferior e o fenômeno, acima do serviço que lhe cabe no plano divino. Nessa posição, demorar-se-á longo tempo entre desencarnados ociosos que disputam a mesma presa, anulando valiosa ocasião de elevar-se, porque, depois de certo tempo de auxílio desaproveitado, perde provisoriamente a companhia edificante de irmãos mais evolvidos que tudo fazem inutilmente pelo reerguer no caminho. Então, cai vibratoriamente no nível moral a que se ajusta, convive com as entidades cujo contato prefere, e acorda, mais tarde, verificando as horas preciosas que desprezou. (*Libertação*, capítulo 16.)

Então, a mediunidade é um instrumento valioso usado a fim de alcançar os recursos das Esferas Puras?

A realidade, meu amigo, é que todos nós, que nos contamos por centenas de milhões, não prescindimos de medianeiros iluminados, aptos a colocar-nos em comunicação com as fontes do Suprimento Superior.

Necessitamos do auxílio de mais alto, requeremos o concurso dos benfeitores que demoram acima de nossas paragens. Para isto, há que organizar recursos de receptividade. Nossa mente sofre sede de luz, como o organismo terreno tem fome de pão. Amor e sabedoria são substâncias divinas que nos mantêm a vitalidade. Compreendes agora a importância da mediunidade, isto é, da elevação de nossas qualidades receptivas para alcançarem a necessária sintonia com os mananciais da vida superior? Não é serviço que possamos organizar da periferia para o centro, e sim do interior para o exterior. (*No Mundo Maior*, capítulo 9.)

A cultura e a moral do médium são importantes em sua tarefa mediúnica?

O hotentote não se sentiria feliz na companhia do sábio, e o sábio, a seu turno, não se demoraria com o hotentote, por falta desse alimento quase imponderável a que podemos chamar "vibrações compensadas". Em mediunidade, portanto, não podemos olvidar o problema da sintonia. Atraímos os Espíritos que se afinam conosco, tanto quanto somos por eles atraídos; e se é verdade que cada um de nós somente pode dar conforme o que tem, é indiscutível que cada um recebe de acordo com aquilo que dá. Achando-se a mente na base de todas as manifestações mediúnicas, quaisquer que sejam os característicos em que se expressem, é imprescindível enriquecer o pensamento, incorporando-lhe os tesouros morais e culturais, os únicos que nos possibilitam fixar a luz que jorra para nós, das Esferas Mais Altas, através dos gênios da sabedoria e do amor que supervisionam nossas experiências. (*Nos Domínios da Mediunidade*, capítulo 1.)

O médium que recebe remuneração merece o aval das Esferas Superiores?

Os companheiros de ideal cristão, corporificados na Crosta da Terra, vão compreendendo agora que o fenômeno em si é tão rebelde quanto o rio encachoeirado que rola a esmo, sem comportas, sem disciplina. Jamais endossaremos um Espiritismo dogmático e intolerante. É imprescindível, porém, que o clima da prece, da renúncia edificante, do espírito de serviço e fé renovadora, através de padrões morais nobilitantes, constitua a nota fundamental de nossas atividades no psiquismo transformador, a fim de que nos encontremos, realmente, num serviço de elevação para o Supremo Pai. Temos aqui um médium de possibilidades ricas e extensas, que, pelo simples comércio vulgar a que reduziu a movimentação de suas faculdades, não acorda impressões construtivas naqueles que o buscam. Pode ser um cooperador valioso em certas circunstâncias, mas não o trabalhador ideal capaz de provocar o interesse dos grandes benfeitores da Vida Superior. Estes não se animariam a comprometer grandes instruções por intermédio de servidores, que, embora bem intencionados, não vacilam em vender as essências divinas em troca de recursos amoedados da luta comum. É por esta razão que pugnamos pelo Espiritismo com Jesus, única fórmula de não nos perdermos em ruinosa aventura. (*Libertação*, capítulo 11.)

Por que existe a mediunidade torturada?

A fim de examinar com serenidade as agruras da obsessão na mediunidade torturada, não podemos esquecer as causas do suplício de hoje a se enraizarem nas sombras de ontem. Os Templos Espíritas vivem repletos de dramas comoventes, os quais se prendem ao passado remoto e próximo. Médiuns repontam em toda parte, entretanto, raros já se desvencilharam do passado sombrio para servirem no presente à causa comum da Humanidade, sem os enigmas do caminho que lhes é particular. E como ninguém avança para diante, com a serenidade possível, sem pagar os tributos que deve à retaguarda, saibamos tolerar e ajudar, edificando com o bem... (*Nos Domínios da Mediunidade*, capítulo 10.)

Isso quer dizer que o médium torturado é alguém que está se reajustando com um inimigo?

Pelo pensamento, escravizamo-nos a troncos de suplício infernal, sentenciando-nos, por vezes, a séculos de peregrinação nos trilhos da dor e da morte. A mediunidade torturada não é senão o enlace de almas comprometidas em aflitivas provações em lances de reajuste. (*Nos Domínios da Mediunidade*, capítulo 13.)

Como deve o médium agir a fim de obter êxito em sua tarefa mediúnica?

Para ser instrumento relativamente exato, é-lhe imprescindível haver aprendido a ceder, e nem todos os artífices da oficina mediúnica realizam, em breve trecho, tal aquisição, que reclama devoção à felicidade do próximo, elevada compreensão do bem coletivo, avançado espírito de concurso fraterno e de serena superioridade nos atritos com a opinião alheia. Para conseguir edificação dessa natureza, faz-se mister o refúgio freqüente à moradia dos princípios superiores. A mente do servidor há de fixar-se nas zonas mais altas do ser, onde aprenderá o valor das concepções sublimes, renovando-se e quintessenciando-se para constituir elemento padrão dos que lhe seguem a trajetória. O homem, para auxiliar o presente, é obrigado a viver no futuro da raça. (*No Mundo Maior*, capítulo 9.)

XV

TIPOS DE MEDIUNIDADE

Dois médiuns são idênticos em suas percepções?

O círculo de percepção varia em cada um de nós. Há diferentes gêneros de mediunidade; contudo, importa reconhecer que cada Espírito vive em determinado degrau de crescimento mental e, por isso, as equações do esforço mediúnico diferem de indivíduo para indivíduo, tanto quanto as interpretações da vida se modificam de alma para alma. As faculdades medianímicas podem ser idênticas em pessoas diversas, entretanto, cada pessoa tem a sua maneira particular de empregá-las. Mediunidade é sintonia e filtragem. Cada Espírito vive entre as forças com as quais se combina, transmitindo-as segundo as concepções que lhe caracterizam o modo de ser. (*Nos Domínios da Mediunidade*, capítulo 12.)

Clarividência e clariaudiência acaso estão localizadas exclusivamente nos olhos e nos ouvidos do médium?

Os olhos e os ouvidos materiais estão para a vidência e a audição assim como os óculos estão para os olhos e o ampliador de sons para os ouvidos - simples aparelhos de complementação. Toda percepção é mental. Surdos e cegos na experiência física, desde que convenientemente educados podem ouvir e ver, através de recursos diferentes daqueles que são vulgarmente utilizados. A onda *hertziana* e os raios-X vão ensinando aos homens que há som e luz muito além das acanhadas fronteiras vibratórias em que eles se agitam, e o médium é sempre alguém dotado de possibilidades neuropsíquicas especiais que lhe estendem o horizonte dos sentidos. (*Nos Domínios da Mediunidade*, capítulo 12.)

Como isso ocorre?

Pela associação avançada dos raios mentais entre a entidade e o médium dotado de mais amplas percepções visuais e auditivas, a visão e a audição se fazem diretas, do recinto exterior para o campo íntimo, graduando-se, contudo, expressões variadas. Escasseando os recursos ultra-sensoriais, surgem nos médiuns dessa categoria a vidência e a audição internas, mais entranhadamente radicadas na conjugação de ondas. Atuando sobre os raios mentais do medianeiro, o desencarnado transmite-lhe quadro e imagens, valendo-se dos centros autônomos da visão profunda, localizados no diencéfalo, ou lhe comunica vozes e sons, utilizando-se da cóclea, tanto mais perfeitamente quanto mais intensamente se verifique a complementação vibratória nos quadros de freqüência das ondas, ocorrências essas nas quais se afigura ao médium possuir um espelho na intimidade dos olhos ou uma caixa acústica na profundeza dos ouvidos. (*Mecanismos da Mediunidade*, capítulo 18.)

Os Espíritos protetores podem ampliar ou diminuir as percepções dos médiuns? Poderia dar um exemplo?

Nossa amiga - dona Izabel - é senhora de grande vidência psíquica, mas os benfeitores que nos orientam os esforços recomendam não se lhe permita a visão total do que se passa em torno de suas faculdades mediúnicas. O conhecimento exato da paisagem espiritual em que vive talvez lhe prejudicasse a tranqüilidade. Izabel, portanto, apenas pode ver, mais ou menos, a vigésima parte dos serviços espirituais em que colabora, de modo direto. (*Os Mensageiros*, capítulo 34.)

Como se explica a xenoglossia?

Em todos os casos de xenoglossia, é preciso lembrar que as forças do passado são trazidas ao presente.

Os desencarnados, elaborando fenômenos dessa ordem, interferem, quase sempre, através de impulsos automáticos, nas energias subconscienciais, mas exclusivamente por intermédio de personalidades que lhes são afins no tempo. Quando um médium analfabeto se põe a escrever sob o controle de um amigo domiciliado em nosso plano, isso não quer dizer que o mensageiro espiritual haja removido milagrosamente as pedras da ignorância. Mostra simplesmente que o psicógrafo traz consigo, de outras encarnações, a arte da escrita já conquistada e retida no arquivo da memória, cujos centros o companheiro desencarnado consegue manobrar. (*Nos Domínios da Mediunidade*, capítulo 23.)

O que recomendaria ao médium passista?

Do mesmo modo que o aprendiz de enfermagem precisa atentar para a assepsia do seu quadro de trabalho, o médium passista necessitará vigilância no seu campo de ação, porquanto de sua higiene espiritual resultará o reflexo benfazejo naqueles que se proponha socorrer. Eis porque se lhe pede a sustentação de hábitos nobres e atividades limpas, com a simplicidade e a humildade por alicerces no serviço de socorro aos doentes, de vez que semelhantes fatores funcionarão à maneira do tungstênio na lâmpada elétrica, suscetível de irradiar a força da usina, produzindo a luz necessária à expulsão da sombra. O investimento cultural ampliar-lhe-á os recursos psicológicos, facilitando-lhe a recepção das ordens e avisos dos instrutores que lhe propiciem amparo, e o asseio mental lhe consolidará a influência, purificando-a, além de dotar-lhe com a presença com a autoridade moral que lhe é indispensável, capaz de induzir o enfermo ao despertamento das próprias forças de reação. (*Mecanismos da Mediunidade*, capítulo 22.)

De modo geral, todos podem colaborar nas atividades de auxílio magnético?

Todos, com maior ou menor intensidade poderão prestar concurso fraterno, nesse sentido, porquanto, revelada a disposição fiel de cooperar a serviço do próximo, por esse ou aquele trabalhador, as autoridades de nosso meio designam entidades sábias e benevolentes que orientam, indiretamente, o neófito, utilizando-lhe a boa vontade e enriquecendo-lhe o próprio valor. São muito raros, porém, os companheiros que demonstram a vocação de servir espontaneamente. (*Missionários da Luz*, capítulo 19.)

Ainda mesmo que o operário humano revele valores muito reduzidos, ele pode ser utilizado nas atividades do passe?

Perfeitamente. Desde que o interesse dele nas aquisições sagradas do bem seja mantido acima de qualquer preocupação transitória, deve esperar incessante progresso das faculdades radiantes, não só pelo próprio esforço, senão também pelo concurso de Mais Alto, de que se faz merecedor. (*Missionários da Luz*, capítulo 19.)

Qualquer pessoa, em desdobramento, pode alterar sua aparência pessoal?

Qualquer um à medida que entesoure experiência, manejará possibilidades mentais avançadas, assumindo os aspectos que deseje, considerando que o perispírito é constituído de elementos maleáveis, obedecendo ao comando do pensamento. (*Nos Domínios da Mediunidade*, capítulo 11.)

Mesmo os Espíritos menos evoluídos estão capacitados a alterar sua aparência?

Pela concentração mental, qualquer Espírito se evidenciará na expressão que deseje, todavia, empregando nossa imaginação criadora, podemos e devemos mobilizar os recursos ao nosso alcance, aprimorando concepções artísticas no campo de nossas relações, uns com os outros. (*Nos Domínios da Mediunidade*, capítulo 11.)

Há possibilidade de algum Espírito dominar um outro e assim alterar sua aparência espiritual?

O perispírito é constituído de elementos maleáveis, obedecendo ao comando do pensamento, seja nascido de nossa própria imaginação ou da imaginação de inteligências mais vigorosas que a nossa, mormente quando a nossa vontade se rende, irrefletida, à dominação de Espíritos tirânicos ou viciosos, encastelados na sombra. (*Nos Domínios da Mediunidade*, capítulo 11.)

A materialização de objetos ou de Espíritos é obra exclusiva dos Espíritos Superiores?

A materialização de criaturas e objetos de nosso plano, para ser mais perfeita, exige mais segura desmaterialização do médium e de companheiros encarnados que o assistem, porque, por mais nos consagremos aos trabalhos dessa ordem, estamos subordinados à cooperação dos amigos terrestres, assim como a água, por mais pura, permanece submetida às qualidades felizes ou infelizes do canal por onde se escoa. (*Nos Domínios da Mediunidade*, capítulo 28.)

Portanto, os encarnados influenciam mais do que imaginam no resultado?

Alguns encarnados, como habitualmente acontece, não tomam a sério suas responsabilidades do assunto e trazem consigo emanações tóxicas, oriundas do abuso de nicotina, carne e aperitivos, além das formas-pensamento menos adequadas à tarefa que o grupo deve realizar. (*Nos Domínios da Mediunidade*, capítulo 28.)

Poderia explicar que tipo de material é usado para as materializações?

Podemos dividi-lo em três elementos essenciais, em nossas rápidas noções de serviço, a saber - fluidos A, representando as forças superiores e sutis de nossa esfera; fluidos B, definindo os recursos do médium e dos companheiros que o assistem, e fluidos C, constituindo energias tomadas à Natureza. Os fluidos A podem ser os mais puros e os fluidos C podem ser os mais dóceis; no entanto, os fluidos B, nascidos da atuação dos companheiros encarnados e, muito notadamente, do médium, são capazes de estragar-nos os mais nobres projetos. (*Nos Domínios da Mediunidade*, capítulo 28.)

Como se faz o transporte de algum objeto para outro local?

É o transporte comum, realizado com reduzida cooperação das energias medianímicas. Toma-se apenas diminuta quantidade de força ectoplásmica, formando somente pequeninas cristalizações superficiais do polegar e do indicador, em ambas as mãos, a fim de colher flores e trazê-las até nós. (*Nos Domínios da Mediunidade*, capítulo 28.)

É possível transportar qualquer objeto?

Perfeitamente, desde que esteja mantido sob nosso controle, intimamente associado às nossas forças, porque dispomos entre nós de técnicos bastante competentes para desmaterializar os elementos físicos e reconstituir esses elementos de imediato, cônscios da responsabilidade que assumem. (*Nos Domínios da Mediunidade*, capítulo 28.)

Se necessário fosse, seria possível transportar pessoas?

De idêntica maneira, caso encontrássemos utilidade num lance dessa natureza, o instrumento que nos serve de base ao trabalho poderia ser removido para o exterior com a mesma facilidade. As cidadelas atômicas, em qualquer construção da forma física, não são fortalezas maciças, qual acontece em nossa esfera de ação. O espaço persiste em todas as formações e, através dele, os elementos se interpenetram. Chegará o dia em que a ciência dos homens poderá reintegrar as unidades e as constituições atômicas, com a segurança dentro da qual vai aprendendo a desintegrá-las. (*Nos Domínios da Mediunidade*, capítulo 28.)

Poderia relatar algum caso de licantropia nas esferas inferiores?

Em visita às esferas inferiores, sob a custódia de quatro guardas da residência de Gregório, testemunhei um estranho julgamento. Incidindo toda a força magnética que lhe era peculiar, através das mãos, sobre uma pobre mulher que o fixava, estarrecida, depois de ouvir seus crimes, o julgador asseverou, peremptório: - A sentença foi lavrada por si mesma. Não passa de uma loba, de uma loba, de uma loba... À medida que repetia a afirmação, qual se procurasse persuadi-la a sentir-se na condição do irracional mencionado, notei que a mulher, profundamente influenciável, modificava a expressão fisionômica. Entortou-se-lhe a boca, a cerviz curvou-se, espontânea, para frente, os olhos alteraram-se, dentro das órbitas. Simiesca expressão revestiu-lhe o rosto. (*Libertação*, capítulo 5.)

Por que isso ocorre?

O remorso é uma bênção, sem dúvida, por levar-nos à corrigenda, mas também é uma brecha, através da qual o credor se insinua, cobrando pagamento. A dureza coagula-nos a sensibilidade durante certo tempo; todavia, sempre chega um minuto em que o remorso nos descerra a vida mental aos choques de retorno das nossas próprias emissões. (*Libertação*, capítulo 5.)

Há casos de licantropia entre encarnados?

Lembras-te de Nabucodonosor, o rei poderoso, a que se refere a Bíblia? Conta-nos o Livro Sagrado que ele viveu sentindo-se animal durante sete anos. O hipnotismo é tão velho quanto o mundo e é recurso empregado pelos bons e pelos maus, tomando-se por base, acima de tudo, os elementos plásticos do perispírito. (*Libertação,* capítulo 5.)

XVI

ATIVIDADES DURANTE O SONO

Os encarnados mantêm contatos com os Espíritos enquanto dormem?

Não mediste, ainda, a extensão do intercâmbio entre encarnados e desencarnados. A determinadas horas da noite, três quartas partes da população de cada hemisfério da Crosta Terrestre se acham nas zonas de contato conosco e a maior percentagem desses semilibertos do corpo, pela influência natural do sono, permanecem detidos nos círculos de baixa vibração qual este em que nos movimentamos provisoriamente. (*Libertação*, capítulo 6.)

E qual a intenção da grande maioria?

Por aqui, muitas vezes se forjam dolorosos dramas, que se desenrolam nos campos da carne. Grandes crimes têm nestes sítios as respectivas nascentes e, não fosse o trabalho ativo e constante dos Espíritos protetores, que se desvelam pelos homens no labor sacrificial da caridade oculta e da educação perseverante, sob a égide do Cristo, acontecimentos mais trágicos estarreceriam as criaturas. (*Libertação*, capítulo 6.)

Os encarnados, em maioria absoluta, não têm consciência dessas atividades noturnas, não é mesmo?

Quando encarnados, na Crosta, não temos bastante consciência sobre os serviços realizados durante o sono físico; contudo, esses trabalhos são inexprimíveis e imensos. Se todos os homens prezassem seriamente o valor da preparação espiritual, diante de semelhante gênero de tarefa, certo efetuariam as conquistas mais brilhantes, nos domínios psíquicos, ainda mesmo quando ligados aos envoltórios inferiores. Infelizmente, porém, a maioria se vale, inconscientemente, do repouso noturno para sair à caça de emoções frívolas ou menos dignas. Relaxam-se as defesas próprias, e certos impulsos, longamente sopitados durante a vigília, extravasam em todas as direções, por falta de educação espiritual, verdadeiramente sentida e vivida. (*Missionários da Luz*, capítulo 8.)

É possível ao encarnado se aprimorar através de estudos durante o sono físico?

Nosso núcleo de estudantes terrestres já possui certa expressão numérica; no entanto, faltam-lhe determinadas qualidades essenciais para que funcione com pleno proveito. Atendendo a injunções dessa ordem, estabeleci um curso de esclarecimento metódico para melhorar a situação. Nem todos sabem valer-se das horas de sono físico, para o incentivo de semelhantes aquisições. (*Missionários da Luz*, capítulo 8.)

E a freqüência aos estudos é total?

Contamos, em nosso centro de estudos, com número superior a trezentos associados; no entanto, apenas trinta e dois conseguem romper as teias inferiores das mais baixas sensações fisiológicas, para assimilarem nossas lições. E noites se verificam em que mesmo alguns desses quebram os compromissos assumidos, atendendo a seduções comuns, reduzindo-se ainda mais a freqüência geral. (*Missionários da Luz*, capítulo 8.)

E os encarnados que comparecem? Conservam a recordação integral dos estudos?

Na memória de todos os irmãos de boa-vontade, permanecerá, de qualquer modo, o benefício, ainda mesmo que eles, no período de vigília, não consigam positivar a origem. Em despertando na Crosta, os aprendizes experimentam alívio, repouso e esperança, a par da aquisição de novos valores educativos. É certo que não podem reviver os pormenores, mas guardarão a essência, sentindo-se revigorados, de inexplicável maneira para eles, não só a retomar a luta diária no corpo físico, mas também a beneficiar o próximo e combater, com êxito, as próprias imperfeições. Seus pensamentos tornam-se mais claros, os sentimentos mais elevados e as preces mais respeitosas e produtivas, enriquecendo-se-lhes as observações e trabalhos de cada dia. (*Missionários da Luz*, capítulo 8.)

XVII

VÍCIOS

O vício que alimentamos na Terra prossegue conosco no mundo espiritual?

Junto de fumantes e bebedores inveterados, criaturas desencarnadas de triste feição se demoram expectantes. Sorvem as baforadas de fumo arremessadas no ar, ainda aquecidas pelo calor dos pulmões que as expulsam, nisso encontrando alegria e alimento. Outras aspiram o hálito de alcoólatras impenitentes. Apegam-se eles com tamanho desvario às sensações da experiência física, que se cosem àqueles nossos amigos terrestres temporariamente desequilibrados nos desagradáveis costumes por que se deixam influenciar. (*Nos Domínios da Mediunidade,* capítulo 15.)

Mas, por que mergulhar em prazeres dessa espécie?

O que a vida começou, a morte continua... Esses nossos companheiros situaram a mente nos apetites mais baixos do mundo, alimentando-se com um tipo de emoções que os localiza na vizinhança da animalidade. (*Nos Domínios da Mediunidade*, capítulo 15.)

E nem a morte é capaz de acordá-los?

O chamamento da morte encontrou-os na esfera de impressões delituosas e escuras e, como é da Lei que cada alma receba da vida de conformidade com aquilo que dá, não encontram interesse senão nos lugares onde podem nutrir as ilusões que lhes são peculiares, porquanto, na posição em que se vêem, temem a verdade e abominam-na, procedendo como a coruja que foge à luz. (*Nos Domínios da Mediunidade*, capítulo 15.)

Os efeitos do vício atingem o encarnado e o desencarnado?

A bebedeira alcança os dois, porquanto se justapõem, completamente, um ao outro, e exibem as mesmas perturbações. (*Nos Domínios da Mediunidade*, capítulo 15.)

Como a Lei de Deus os ajudará?

Chegará o dia em que a própria Natureza lhes esvaziará o cálice. Há mil processos de reajuste no

Universo Infinito em que se cumprem os Desígnios do Senhor, chamem-se eles de aflição, desencanto, cansaço, tédio, sofrimento, cárcere... (*Nos Domínios da Mediunidade*, capítulo 15.)

E se não se cansarem?

Todavia, quando não se cansarem, a Lei poderá conduzi-los a prisão regeneradora. Há dolorosas reencarnações que se caracterizam por intensa luta expiatória para as almas necrosadas no vício. Temos, por exemplo, o mongolismo, a hidrocefalia, a paralisia, a cegueira, a epilepsia secundária, o idiotismo, o aleijão de nascença e muitos outros recursos, angustiosos embora, mas necessários, e que podem funcionar, em benefício da mente desequilibrada, desde o berço, em plena fase infantil. (*Nos Domínios da Mediunidade*, capítulo 15.)

XIII

POSTO DE SOCORRO

Fale-nos um pouco do Campo de Paz...

Esta colônia foi instituída para socorro urgente. É um avançado centro de enfermagem, rodeado de perigos, porque criaturas ignorantes e infelizes cercam nosso esforço por todos os lados. De dez em dez quilômetros, nas zonas de nossa vizinhança, há postos de socorro que funcionam como instituições de assistência fraternal e sentinelas ativas, ao mesmo tempo. (*Os Mensageiros*, capítulo 30.)

Há diferença entre esse posto de socorro e a cidade Nosso Lar, por exemplo?

Permanecemos na vizinhança dos irmãos encarnados. As tempestades que nos atingem obrigam-nos a serviços constantes. Os quadros inferiores que nos cercam são profundamente dolorosos. Nossa cidade não possui Ministérios da União Divina nem da Elevação. Não podemos receber a influência superior com muita facilidade. Nossos trabalhos de comunicação e auxílio necessitam ainda de muita gente educada no Evangelho, para funcionar com eficiência. (*Os Mensageiros*, capítulo 30.)

Os Espíritos que aqui aportam estão em que situação íntima?

Aqui somos compelidos a lutar com irmãos ignorantes e perversos, que se sentem absolutamente certos nas fantasias perigosas que esposaram, e vemo-nos obrigados a atender a doentes que não acreditam na própria enfermidade. Aliás, é natural que assim seja. Estamos a pouca distância dos homens na carne. E sabemos que na Crosta a situação não é diferente. Quantos materialistas se fantasiam, por lá, de filósofos? Quantos demônios com capa de santos? Quanta má-fé a fingir que é generosidade e boas intenções? A influência da Humanidade encarnada em nosso núcleo de serviço é vigorosa. (*Os Mensageiros*, capítulo 29.)

Como é a história do posto de socorro Campo da Paz?

A história da fundação é interessante. Alguns benfeitores, reconhecidos a Jesus, resolveram organizar, em nome dele, uma colônia em plena região inferior, que funcionasse como instituto de socorro imediato aos que são surpreendidos na Crosta com a morte física, em estado de ignorância ou de culpas dolorosas. O projeto mereceu a bênção do Senhor, e o núcleo se criou, há mais de dois séculos. (*Os Mensageiros*, capítulo 29.)

E a Espiritualidade Superior está sempre presente?

Conhecendo a utilidade dos que servem em nossa colônia, não passamos nunca sem instrutores abnegados, que procedem da zona superior, alentando-nos ao bom ânimo. O que pedimos, desde que haja fundamentação legítima, nunca é negado; e, se tarda o recurso, beneméritos orientadores de nossas atividades prestam explicações que nos libertam de qualquer angústia na espera. (*Os Mensageiros*, capítulo 29.)

Conhece outras colônias?

Hilário e eu visitamos a Mansão da Paz, escola de reajuste de que Druso era o diretor abnegado e amigo. O pouso acolhedor, o qual permanece sob a jurisdição de Nosso Lar, existe há mais de três séculos, dedicando-se a receber criaturas infelizes, enfermas, desde que estejam decididas a trabalhar pela própria regeneração. Em razão disso, o casario enorme, semelhante à vasta cidadela instalada com todos os recursos de segurança e defesa, mantém setores de assistência e cursos de instrução, nos quais médicos e sacerdotes, enfermeiros e professores encontram, depois da morte terrestre, aprendizados e que-fazeres da mais elevada importância. (*Ação e Reação*, capítulo 1.)

E como era o ambiente externo a essa Instituição?

Reparamos lá fora, através do material transparente de larga janela, a convulsão da Natureza. Ventania ululante carreava consigo espécie de substância escura, semelhante à lama aeriforme, e remoinhava com violência, em torvelinho estranho, à maneira de treva encachoeirada... (*Ação e Reação*, capítulo 1.)

Viu os Espíritos que estavam além da muralha?

Do corpo monstruoso, do turbilhão terrível, rostos humanos surdiam em esgares de horror, vociferando maldições e gemidos. Apareciam ao relance, jungidos uns aos outros como vastas correntes de criaturas agarradas entre si, em hora de perigo, na ânsia instintiva de dominar e sobreviver. Tanto quanto nós, Druso contemplou o triste quadro com visível piedade a marcar-lhe o semblante. Fixou-nos em silêncio como a chamar-nos para a reflexão. Parecia dizer-nos quanto lhe doía o trabalho naquela paragem de sofrimento. Hilário perguntou por que não abrir as portas a todos eles, ao que Druso respondeu, sensibilizado, que a salvação só é realmente importante para aqueles que desejam salvar-se. (*Ação e Reação*, capítulo 1.)

O que aconteceria se lhes abrissem as portas?

Para cá do túmulo, a surpresa para mim mais dolorosa foi essa, o encontro com feras humanas, que habitavam o templo da carne, à feição de pessoas comuns. Se acolhidas, sem a necessária preparação, atacar-nos-iam de pronto, arrasando-nos o instituto de assistência pacífica. E não podemos esquecer que a ordem é base da caridade. (*Ação e Reação*, capítulo 1.)

XIX

SEXO

O que poderá acontecer se a genética alterar o sexo do Espírito que se prepara para reencarnar?

É claramente possível a intervenção da ciência terrestre na determinação do sexo, na primeira fase da vida embrionária; contudo, importa considerar que semelhante ingerência na esfera dos destinos humanos traria conseqüências imprevisíveis à organização moral, entre as criaturas, porque essa atuação indébita se verificaria apenas no campo morfológico, impondo talvez inversões desnecessárias e imprimindo graves complicações ao foro íntimo de quantos fossem submetidos a tais processos de experimentação, positivamente contrários à inteligência da vida que reflete a Sabedoria de Deus. (*Evolução em Dois Mundos,* capítulo 16.)

Tem o Espírito sexo definido?

Considerando-se que o sexo, na essência, é a soma das qualidades passivas ou positivas do campo mental do ser, é natural que o Espírito acentuadamente feminino se demore séculos e séculos nas linhas evolutivas da mulher, e que o Espírito marcadamente masculino se detenha por longo tempo nas experiências do homem. (*Ação e Reação*, capítulo 15.)

Portanto, é perigoso alterar o sexo do embrião, por cirurgias ou até mesmo injetando hormônios?

A endocrinologia poderá fazer muito com uma injeção de hormônios, à guisa de pronto-socorro às coletividades celulares, mas não sanará lesões do pensamento. A genética, mais hoje, mais amanhã, poderá interferir nas câmaras secretas da vida humana, perturbando a harmonia dos cromossomos, no sentido de impor o sexo ao embrião; todavia, não atingirá a zona mais alta da mente, feminina ou masculina, a qual manterá característicos próprios independentemente da forma exterior ou de convenções estatuídas. A medicina inventará mil modos de auxiliar o corpo atingido em seu equilíbrio interno; por essa tarefa edificante, ela nos merecerá sempre sincera admiração e fervente amor; entretanto, compete a nós outros praticar a medicina da alma, que ampare o Espírito enleado nas sombras... (*No Mundo Maior*, capítulo 11.)

André Luiz, para o bem do Espírito reencarnante, a ciência genética não deve alterar o seu corpo. No entanto, como explicar a homossexualidade? Não está aí, neste caso, um indício de inversão?

Em muitas ocasiões, quando o homem tiraniza a mulher, furtando-lhe os direitos e cometendo abusos, em nome de sua pretensa superioridade, desorganiza-se ele próprio a tal ponto que, inconsciente e desequilibrado, é conduzido pelos agentes da Lei Divina a renascimento doloroso, em corpo feminino, para que, no extremo desconforto íntimo, aprenda a venerar na mulher sua irmã e companheira, filha e mãe, diante de Deus, ocorrendo idêntica situação à mulher criminosa que, depois de arrastar o homem à devassidão e à delinqüência, cria para si mesma terrível alienação mental para além do sepulcro, requisitando, quase sempre, a internação em corpo masculino, a fim de que, nas teias do infortúnio de sua emotividade, saiba edificar no seu ser o respeito que deve ao homem, perante o Senhor. (*Ação e Reação*, capítulo 15.)

O que dizer àqueles que se sentem num corpo diverso ao que são em seu íntimo?

O cativeiro nos tormentos do sexo não é problema que possa ser solucionado por literatos ou médicos a agir no campo exterior; é questão da alma, que demanda processo individual de cura, e sobre esta só o Espírito resolverá no tribunal da própria consciência. É inegável que todo auxílio externo é valioso e respeitável, mas nos cumpre reconhecer que os escravos das perturbações do campo sensorial só por si mesmos serão libertados, isto é, pela dilatação do entendimento, pela compreensão dos sofrimentos alheios e das dificuldades próprias, pela aplicação, enfim, do "amai-vos uns aos outros", assim na doutrinação, como no imo da alma, com as melhores energias do cérebro e com os melhores sentimentos do coração. (*No Mundo Maior,* capítulo 11.)

E os Espíritos Superiores?

Nessa definição, porém, não incluímos os grandes corações e os belos caracteres que, em muitas circunstâncias, reencarnam em corpos que lhes não correspondem aos mais recônditos sentimentos, posição solicitada por eles próprios, no intuito de operarem com mais segurança e valor, não só o acrisolamento moral de si mesmos, como também a execução de tarefas especializadas, através de estágios perigosos de solidão, em favor do campo social terrestre que se lhes vale da renúncia construtiva para acelerar o passo no entendimento da vida e no progresso espiritual. (*Ação e Reação,* capítulo 15.)

Muito bem, o Espírito reencarnou em posição sexual invertida. Ao retornar ao mundo espiritual, como ele se apresentará? Como foi na carne, ou como era em Espírito?

A forma individual em si obedece ao reflexo mental dominante, notadamente no que se reporta ao sexo, mantendo-se a criatura com os distintivos psicossomáticos de homem ou de mulher, segundo a vida íntima, através da qual se mostra com qualidades espirituais acentuadamente ativas ou passivas. Fácil observar, assim, que a desencarnação libera todos os Espíritos de feição masculina ou feminina que estejam na reencarnação em condição inversiva, atendendo a provação necessária ou a tarefa específica, porquanto, fora do arcabouço físico, a mente se exterioriza no veículo espiritual com admirável precisão de controle espontâneo sobre as células sutis que o constituem. (*Evolução em Dois Mundos*, capítulo 4, segunda parte.)

O que pode nos causar os desequilíbrios sexuais?

Nas falhas do campo genésico, temos a considerar, acima de tudo, a crueldade mental que praticamos em nome do amor... Na perseguição ao prazer dos sentidos, costumamos armar as piores ciladas aos corações incautos que nos ouvem... Contudo, fugindo à palavra empenhada ou faltando aos compromissos e votos que assumimos, não nos precatamos quanto à lei de correspondência, que nos devolve, inteiro, o mal que praticamos e em cuja intimidade as bênçãos do conhecimento superior nos agravam as agonias. Isso, para não falar dos crimes passionais, perpetrados na sociedade humana, todos os dias, pelos abusos das faculdades sexuais. Esses abusos são responsáveis não apenas por largos tormentos nas regiões infernais, mas também por muitas moléstias e monstruosidades que ensombram a vida terrestre, porquanto os delinqüentes do sexo, que operaram o homicídio, o infanticídio, a loucura, o suicídio, a falência e o esmagamento dos outros, voltam à carne, sob o impacto das vibrações desequilibradas que puseram em ação contra si próprios, e são, muitas vezes, as vítimas da mutilação congênita, da alienação mental, da paralisia, da senilidade precoce, da obsessão enquistada, do câncer infantil, das enfermidades nervosas de variada espécie, dos processos patogênicos inabordáveis e de todo um cortejo de males, decorrentes do trauma perispirítico que, provocando desajustes nos tecidos sutis da alma, exige longos e complicados serviços de reparação a se exteriorizarem com o nome de inquietação, angústia, doença, provação, desventura, idiotia, sofrimento e miséria. (*Ação e Reação*, capítulo 15.)

André Luiz! E quanto à privacidade do casal, nos seus momentos íntimos. É preservada?

Semelhantes momentos do tálamo conjugal são sublimes e invioláveis nos lares em bases retas. Todos os encarnados que edificam o ninho conjugal, sobre a retidão, conquistam a presença de testemunhas respeitosas, que lhes garantem a privacidade dos atos mais íntimos, consolidando-lhes as fronteiras vibratórias e defendendo-os contra as forças menos dignas. Não ocorre o mesmo, entretanto, nas moradias, cujos proprietários escolhem baixas testemunhas espirituais, buscando-as em zonas inferiores. A esposa infiel e o esposo que põe sua casa em ligação com o meretrício, não devem esperar que seus atos afetivos permaneçam coroados de veneração e santidade. Suas relações mais íntimas são objeto de participação das desvairadas testemunhas que escolheram. Tornam-se vítimas inconscientes de grupos perversos, que lhes partilham as emoções de natureza fisiológica, induzindo-os a mais dolorosa viciação. (*Missionários da Luz*, capítulo 13.).

E se a esposa é fiel e devotada, ainda assim estará à mercê dessas criminosas testemunhas?

Não! O mau não pode perturbar o que é genuinamente bom. Em casos dessa espécie, a esposa garantirá o ambiente doméstico, embora isso lhe custe as mais difíceis abnegações e pesados sacrifícios. Os atos que lhe exijam a presença enobrecedora são sagrados, ainda que o companheiro, na vida comum, se tenha colocado em nível inferior aos brutos. (*Missionários da Luz*, capítulo 13.)

XX

AURA

André Luiz, o que é aura?

É o conhecido corpo vital, ou o duplo etéreo de algumas escolas espiritualistas, duplicata mais ou menos radiante da criatura. Nessa conjugação de forças físico-químicas e mentais, a aura humana é peculiar a cada indivíduo, interpenetrando-o, ao mesmo tempo em que parece emergir dele, à maneira de campo ovóide, não obstante a feição irregular em que se configura, valendo por espelho sensível em que todos os estados da alma se estampam com sinais característicos e em que todas as idéias se evidenciam, plasmando telas vivas, como no cinematógrafo comum. A aura é, portanto, a nossa plataforma onipresente em toda comunicação com as rotas alheias, antecâmara do Espírito, em todas as nossas atividades de intercâmbio com a vida que nos rodeia, através da qual somos vistos e examinados pelas Inteligências Superiores, sentidos e reconhecidos pelos nossos afins, e temidos e hostilizados ou amados e auxiliados pelos irmãos que caminham em posição inferior à nossa. (*Evolução em Dois Mundos*, capítulo 17.)

XXI

JESUS

O que é a Religião para Jesus Cristo?

O Mestre desaferrolha as arcas do conhecimento enobrecido e distribui seus tesouros. Dirige-se aos homens simples de coração, curvados para o sofrimento e ergue-lhes a cabeça trêmula para o Céu. Aproxima-se de quantos desconhecem a sublimidade dos próprios destinos e assopra-lhes a Verdade, vazada em Amor, para que o sol da esperança lhes renasça no ser. Abraça os deserdados e fala-lhes da Providência Infinita. Reúne, em torno de sua glória que a humildade escondia, os velhos e os doentes, os cansados e os tristes, os pobres e os oprimidos, as mães sofredoras e as crianças abandonadas, e entrega-lhes as bem-aventuranças celestes. (*Evolução em Dois Mundos*, capítulo 20.)

E o que ele falou do Universo e da vida?

Ele afirmou que a Casa de Deus está constituída por muitas moradas, nos mundos que enxameiam o firmamento, e que o homem deve nascer de novo para progredir na direção da Sabedoria Divina. Proclama que a morte não existe e que a Criação é beleza e segurança, alegria e vitória em plena imortalidade. Pelas revelações com que vence a superstição e o crime, a violência e a perversidade, paga na cruz o imposto de extremo sacrifício aos preconceitos humanos que lhe não perdoam a soberana grandeza, mas, reaparecendo redivivo, para a mesma humanidade que o escarnecera e crucificara, desvenda-lhe, em novo cântico de humildade, a excelsitude da vida eterna. (*Evolução em Dois Mundos*, capítulo 20.)

Alguém em Nosso Lar já esteve com Jesus Cristo?

Com exceção do Governador, a ministra Veneranda é a única entidade em Nosso Lar que já viu Jesus nas Esferas Resplandecentes. Mas nunca comentou esse fato de sua vida espiritual e esquiva-se à menor informação a tal respeito. Além disso, há outra nota interessante, relativamente a ela. Um dia, há quatro anos, Nosso Lar amanheceu em festa. As Fraternidades da Luz, que regem os destinos cristãos da América, homenagearam a Veneranda, conferindo a medalha do Mérito de Serviço, a primeira entidade da colônia que conseguiu, até hoje, semelhante triunfo, apresentando um milhão de horas de trabalho útil, sem interromper, sem reclamar e sem esmorecer. Generosa comissão veio trazer a honrosa mercê, mas em meio do júbilo geral, reunidos a Governadoria, os Ministérios e a multidão, na praça maior, a ministra Veneranda apenas chorou em silêncio. Entregou, em seguida, o troféu aos arquivos da cidade, afirmando que não o merecia e transmitindo-o à personalidade coletiva da colônia, apesar dos protestos do Governador. (*Nosso Lar*, capítulo 32.)

Por que Jesus não apressa a evolução humana?

O Mestre aproveita as qualidades utilizáveis do discípulo, em determinado setor do aprendizado, adiando, por misericórdia, a melhoria e o aproveitamento de certas zonas obscuras da personalidade. Por vezes, o aprendiz retarda-se meses, anos, séculos... Jesus não é senhor da violência e nunca impõe drásticos à obra evolutiva. É cultivador do trabalho, da esperança. Aguardará, sempre compassivo e bondoso, nossas decisões de colaborar no apostolado redentor, suportará nossas faltas muitas vezes; entretanto, em nosso próprio interesse, deveremos atentar, vigilantes, para os seus ensinamentos, com a sincera disposição de aplicá-los. Sem dúvida, não nos fulminará com raios destruidores pela nossa demora em desculpar alguém; no entanto, recomendou perdoemos setenta vezes sete vezes; naturalmente, não nos perseguirá pela nossa dificuldade em simpatizar com irmãos atualmente menos felizes que nós. Esforçou-se, contudo, para que nos amemos uns aos outros. Não virá em pessoa obrigar-nos a assumir determinada atitude evangélica, mas traçou todas as disposições necessárias ao estabelecimento de roteiros para a prática do bem. (*Obreiros da Vida Eterna*, capítulo 9.)

Como entender a Religião diante dos exemplos de Jesus?

Jesus fundou a Religião do Amor Universal, que os sacerdotes políticos dividiram em várias escolas orientadas pelo sectarismo injustificável. Malgrado esse erro lastimável dos homens, a essência dos vossos princípios é aquela mesma que sustentou a coragem e a nobreza dos trabalhadores sacrificados nos primeiros dias do Cristianismo. Porque alguns missionários das verdades religiosas olvidassem a Paternidade Divina e se permitissem desmandos da autoridade, preferindo a opressão e a tirania, não sois menos responsáveis, agora, pelos sagrados depósitos que Jesus nos confiou, destinados aos serviços de elevação humana e de santificação da Terra. O Evangelho, em suas bases, guarda a beleza do primeiro dia. Sofisma algum conseguiu empanar o brilho de "amai-vos uns aos outros, como eu vos amei..." (*No Mundo Maior*, capítulo 15.)

Como evitar a queda e os enganos da maioria dos religiosos de todos os tempos?

Diante do mundo periclitante, alucinado por ambições rasteiras e dominado pelo ódio e pela miséria, seqüências das guerras incessantes e aniquiladoras, harmonizemo-nos, nós, em Jesus Cristo, a fim de equilibrarmos a esfera carnal. Evitai a subversão dos valores espirituais, afugentai as trevas que vos ameaçam as organizações político-religiosas. Temei a ciência que estadeie sem a sabedoria, livrai-vos do raciocínio que calcula sem amor, revisai a fé para que seus impulsos não se desordenem, à mingua de edificação. A crosta da Terra é atualmente um campo de batalha mais áspera, mais dolorosa... Despertai a consciência adormecida e afeiçoai-vos à Lei Divina, olvidando o cativeiro multissecular da ilusão. A salvação é contínuo trabalho de renovação e de aprimoramento. Ao mundo atormentado proclamemos a nossa fé em Cristo Jesus para sempre... (*No Mundo Maior*, capítulo 15.)

O que poderia falar da presença de Jesus na Terra?

Erige-se, desde então, o Evangelho em código de harmonia, inspirando devotamento ao bem de todos, até o sacrifício voluntário, a fraternidade viva, o serviço infatigável aos semelhantes e o perdão sem limites. Iniciam em todo o orbe imensas alterações. A crueldade metódica cede lugar à compaixão. Os troféus sanguinolentos da guerra desertam dos santuários. A escravidão de homens livres é sacudida nos fundamentos para que se anule de vez. Levanta-se a mulher da condição de alimária para a dignidade humana. A filosofia e a ciência admitem a caridade no governo dos povos. O ideal da solidariedade pura começa a fulgir sobre a fronte do mundo. Moisés instalara o princípio da justiça, coordenando a vida e influenciando-a de fora para dentro. Jesus inaugurou na Terra o princípio do amor a exteriorizar-se do coração, de dentro para fora, traçando-lhe a rota de Deus. E eis que o Cristianismo grandioso e simples ressurge agora no Espiritismo, induzindo-nos à sublimação da vida íntima, para que nossa alma se liberte da sombra que a densifica, encaminhando-se, renovada, para as culminâncias da Luz. (*Evolução em Dois Mundos*, capítulo 20.)

O que poderia falar sobre Evangelho e Mediunidade?

A prática da mediunidade não está somente na passagem do Mestre entre os homens, junto dos quais, a cada hora, revela o seu intercâmbio constante com o Plano Superior, seja em colóquios com os emissários de alta estirpe, seja em se dirigindo aos aflitos desencarnados, no socorro aos obsessos do caminho, mas também na equipe dos companheiros, aos quais se apresenta em pessoa, depois da morte, ministrando instruções para o edifício do Evangelho nascente. No Dia de Pentecostes, vários fenômenos mediúnicos marcam a tarefa dos apóstolos, mesclando-se efeitos físicos e intelectuais na praça pública, a constituir-se a mediunidade, desde então, em viga mestra de todas as construções do Cristianismo nos séculos subseqüentes. Em Jesus e em seus primitivos continuadores, porém, encontramo-la pura e espontânea, como deve ser, distante de particularismos inferiores, tanto quanto isenta de simonismo. Neles, mostram-se os valores mediúnicos a serviço da Religião Cósmica do

Amor e da Sabedoria, na qual os regulamentos divinos, em todos os mundos, instituem a responsabilidade moral segundo o grau de conhecimento, situando-se, desse modo, a Justiça Perfeita, no íntimo de cada um, para que se outorgue isso ou aquilo, a cada Espírito, de conformidade com as próprias obras. O Evangelho, assim, não é o livro de um povo apenas, mas o Código de Princípios Morais do Universo, adaptável a todas as pátrias, a todas as comunidades, a todas as raças e a todas as criaturas, porque representa, acima de tudo, a carta de conduta para a ascensão da consciência à imortalidade, na revelação da qual Jesus Cristo empregou a mediunidade sublime como agente de luz eterna, exaltando a vida e aniquilando a morte, abolindo o mal e glorificando o bem, a fim de que as leis humanas se purifiquem e se engrandeçam, se santifiquem e se elevem para a integração com as Leis de Deus. (*Mecanismos da Mediunidade*, capítulo 26.)

O que representa Jesus para a humanidade?

Para vencer a jornada laboriosa, é preciso aprender com Alguém que foi o Caminho, a Verdade e a Vida. Ele não era conquistador e, no entanto, foi o fundador do maior de todos os domínios; não era geógrafo e descortinou os sublimes continentes da imortalidade; não era legislador e iluminou os códigos do mundo; não era filósofo e resolveu os enigmas da alma; não era juiz e ensinou a justiça com misericórdia; não era teólogo, e revelou a fé viva; não era sacerdote, e fez o sermão inesquecível; não era diplomata e trouxe a fórmula da paz; não era médico, e limpou leprosos, restaurou a visão dos cegos e levantou paralíticos do corpo e do espírito; não era cirurgião, e extirpou a chaga da animalidade primitiva; não era sociólogo, e estabeleceu a solidariedade humana; não era cientista, e foi o sábio dos sábios; não era escritor, e deixou ao Planeta o maior de todos os livros; não era advogado, e defendeu a causa da Humanidade inteira; não era engenheiro, e traçou caminhos imperecíveis; não era economista, e ensinou a distribuição dos bens da vida a cada um por suas obras; não era guerreiro, e continua conquistando as almas há quase vinte séculos; não era químico, e transformou a lama das paixões em ouro da espiritualidade superior; não era físico, e edificou o equilíbrio da Terra; não era astrônomo, e desvendou os mundos novos da imensidade, enriquecendo de luz o porvir humano; não era escultor, e modelou corações, convertendo-os em poemas vivos de bondade e esperança... Ele foi o Mestre, o Salvador, o Companheiro, o Amigo Certo, humilde na manjedoura, devotado no amor aos infelizes, sublime em todas as lições, forte, otimista e fiel ao Supremo Senhor até a cruz. Bem-aventurados os seus discípulos sinceros, que se transformam em servidores do mundo por amor ao seu amor. Valiosa é a experiência do homem, bela é a ciência da Terra, nobre é a filosofia religiosa que ilumina os conhecimentos terrestres, admirável é a indústria das nações, vigorosa é a inteligência das criaturas, maravilhosos são os sistemas políticos dos povos mais cultos, entretanto, sem Cristo, a grandeza humana pode não passar de relâmpago, dentro da noite espessa. "Brilhe vossa luz", disse o Mestre Inesquecível. Acenda cada aprendiz do Evangelho a lâmpada do coração. Não importa seja essa lâmpada pequenina. A humilde chama da vela distante é irmã da claridade radiosa da estrela. É indispensável, porém, que toda a luz do Senhor permaneça brilhando em nossa jornada sobre abismos, até a vitória final no porto da grande libertação. (*Apostilas da Vida,* capítulo 1.)

XXII

VIDA SOCIAL

Como é o dia-a-dia dos Espíritos?

No plano espiritual que se localiza imediato à experiência física, as sociedades humanas desencarnadas, em quase dois terços, permanecem naturalmente jungidas, de alguma sorte, aos interesses terrenos. Naturalmente as almas que constituem a percentagem a que nos referimos, distanciadas ainda do aprimoramento ideal, procuram aperfeiçoar em si mesmas as qualidades nobres menos desenvolvidas, buscando clima adequado que lhes favoreça o trabalho. Aglutinam-se em verdadeiras cidades e vilarejos, com estilos variados, como acontece aos burgos terrestres, característicos da metrópole ou do campo, edificando largos empreendimentos de educação e progresso, em favor de si mesmas e a benefício dos outros. (*Evolução em Dois Mundos,* capítulo 7, segunda parte.)

Então, há atividade intensa?

Sem dúvida. As regiões purgativas ou simplesmente infernais são por elas amparadas, o quanto possível, organizando-se aí, sob o seu patrocínio, extensa obra assistencial. Na esfera seguinte à condição humana, temos o espaço das nações, com as suas comunidades, idiomas, experiências e inclinações, inclusive organizações religiosas típicas, junto das quais funcionam missionários de libertação mental, operando com caridade e discrição para que as idéias renovadoras se expandam sem dilaceração e sem choque. Com esses dois terços de criaturas ainda ligadas, desse ou daquele modo, aos núcleos terrenos, encontramos um terço de Espíritos relativamente enobrecidos que se transformam em condutores da marcha ascensional dos companheiros, pelos méritos com que se fazem segura instrumentação das Esferas Superiores. (*Evolução em Dois Mundos,* capítulo 7, segunda parte)

O que é o bônus-hora?

Não é propriamente moeda, mas ficha de serviço individual, funcionando como valor aquisitivo. (*Nosso Lar,* capítulo 22.)

Pode-se gastar o bônus-hora a favor de amigos?

Perfeitamente. Poderemos repartir as bênçãos de nosso esforço com quem nos aprouver. Isto é direito inalienável do trabalhador fiel. Quanto maior a contagem do nosso tempo de trabalho, maiores intercessões podemos fazer. (*Nosso Lar*, capítulo 22.)

E quanto à herança? Existe?

Quando voltamos à carne, não se pode legar o bônus-hora à família, pois são revertidos ao patrimônio comum, permanece a família apenas com o direito de herança ao lar. No entanto pode-se interceder por alguém e assegurando, igualmente, o auxílio das organizações de nossa colônia durante a nossa permanência nos círculos carnais. (*Nosso Lar*, capítulo 22.)

XXIII

SUICÍDIO

A desencarnação, em plena infância, é uma punição divina?

Muitas existências são frustradas no berço, não por simples punição externa da Lei Divina, mas porque a própria Lei Divina funciona em todos nós, desde que todos existimos no hausto do Criador. Freqüentemente, através do suicídio, integralmente deliberado, ou do próprio desregramento, operamos em nossa alma calamitosos desequilíbrios, quais tempestades ocultas, que desencadeamos, por teimosia no campo da natureza íntima. Cargas venenosas, instrumentos perfurantes, projéteis fulminatórios, afogamentos, enforcamentos, quedas calculadas de grande altura e multiformes viciações com que as criaturas responsáveis arruinam o próprio corpo ou o aniquilam, impondo-lhe a morte prematura, com plena desaprovação da consciência, determinam processos degenerativos e desajustes nos centros essenciais do psicossoma. (*Evolução em Dois Mundos*, capítulo 17, segunda parte)

E o sofrimento dos suicidas é longo?

Indescritíveis flagelações, que vão da inconsciência à loucura completa, senhoreiam essas mentes torturadas, por tempo variável, conforme as atenuantes e agravantes da culpa, induzindo as autoridades superiores a reinterná-las no plano carnal, quais enfermos graves, em celas físicas de breve duração, para que se reabilitem, gradativamente, com a justa cooperação dos Espíritos reencarnados, cujos débitos com eles se afinam. (*Evolução em Dois Mundos*, capítulo 17, segunda parte.)

Os pais que recebem esses Espíritos são igualmente devedores?

Todos os enfermos dessa espécie são conduzidos a outros enfermos espirituais - os homens e as mulheres que corromperam os próprios centros genésicos pela delinqüência emotiva ou pelos crimes reiterados do aborto provocado, em existências do pretérito próximo, para que, servindo na condição de atendentes e guardiães de companheiros que também se conspurcaram perante a Eterna Justiça, se recuperem, a seu turno, regenerando a si mesmo pelo amoroso devotamento com que lutam e choram, no amparo aos filhinhos condenados à morte, ou atormentados desde o berço. (*Evolução em Dois Mundos,* capítulo 17, segunda parte.)

Aquele que cometeu suicídio ficou por completar uma existência. É por isso que as moléstias aparecem tão cedo?

No que tange, porém, às moléstias mencionadas, surgem todas elas nos mais diferentes períodos, crestando a existência do veículo físico, via de regra, desde a vida *in utero* até os dezoito e vinte anos de experiência recomeçante, e, como vemos, são doenças secundárias, porquanto a etiologia que lhes é própria reside na estrutura complexa da própria alma. (*Evolução em Dois Mundos,* capítulo 17, segunda parte)

XXIV

PRECES

Poderia nos falar um pouco sobre a prece?

O trabalho da prece é mais importante do que se pode imaginar no círculo dos encarnados. Não há prece sem resposta. E a oração, filha do amor, não é apenas súplica. É comunhão entre o Criador e a criatura, constituindo, assim, o mais poderoso influxo magnético que conhecemos. (*Os Mensageiros*, capítulo 25.)

Você disse influxo magnético? Então, há o impulso direcionado para o bem e para o mal?

Acresce notar, porém, já que comentamos o assunto, que a rogativa maléfica conta, igualmente, com enorme potencial de influenciação. Toda vez que o Espírito se coloca nessa atitude mental, estabelece um laço de correspondência entre ele e o além. Se a oração traduz atividade no bem divino, venha donde vier, encaminhar-se-á para o Além em sentido vertical, buscando as bênçãos da vida superior, cumprindo-nos advertir que os maus respondem aos maus nos planos inferiores, entrelaçando-se mentalmente uns com os outros. É razoável, porém, destacar que toda prece impessoal dirigida às Forças Supremas do Bem, delas recebe resposta imediata, em nome de Deus. Sobre os que oram nessas tarefas benditas, fluem, das Esferas mais altas, os elementos-força que vitalizam nosso mundo interior e edificam-nos as esperanças divinas. (*Os Mensageiros*, capítulo 25.)

E como se realiza o atendimento aos que oram?

O Pai visita os filhos necessitados, através dos filhos que procuram compreender a Ele. Nunca poderia vir, em pessoa, enxugar o pranto do necessitado que chora. Compete ao necessitado caminhar ao reencontro d'Ele. O Senhor, todavia, atende sempre a todos os homens de boa vontade, por intermédio dos homens bons, que se edificam na casa divina. Todos os nossos desejos e impulsos razoáveis são atendidos pelas bênçãos paternais do Eterno. Ainda que nos demoremos nas lágrimas e nas aflições, jamais permanecemos ao desamparo. Apenas devemos salientar que as respostas de Deus vão sendo maiores e mais diretas, à medida que se intensifique o nosso merecimento. (*Os Mensageiros*, capítulo 25.)

Você disse que a prece é um influxo magnético. Portanto, há ocasiões em que ela pode ser visualizada?

Há dias, fomos eu e alguns companheiros aos céus de Bristol. A nobre cidade inglesa estava sendo sobrevoada por alguns aviões pesados de bombardeio. As perspectivas de destruição eram assustadoras. No seio da noite, porém, destacava-se, à nossa visão espiritual, um farol de intensa luz. Seus raios faiscavam no firmamento, enquanto bombas eram arremessadas ao solo. A chefia da expedição recomendou nossa descida no ponto luminoso. Com surpresa, verifiquei que estávamos numa igreja, cujo recinto devia ser quase sombrio para o olhar humano, mas altamente luminoso para nossos olhos. Notei, então, que alguns cristãos corajosos reuniam-se ali e cantavam hinos. Enquanto rebentavam estilhaços lá fora, os discípulos do Evangelho cantavam, unidos em celestial vibração de fé viva. (*Os Mensageiros*, capítulo 18.)

Quando alguém pede em súplica o socorro da Senhora da Piedade, quem atende?

Petições semelhantes a esta se elevam a planos superiores e aí são acolhidas pelos emissários da Virgem de Nazaré, a fim de serem examinadas e atendidas, conforme o critério da verdadeira sabedoria. (*Ação e Reação*, capítulo 11.)

Se alguém roga a proteção de uma santa, sua prece alcança o seu coração?

Como não? Depois da morte do corpo, as criaturas efetivamente santificadas encontram as mais altas quotas de serviço, na expansão da luz ou da caridade, do conhecimento ou da virtude, de que se fizeram a fonte viva de inspiração, quando no aprendizado humano. (*Ação e Reação*, capítulo 11.)

E na hipótese de alguém orar por um santo entre os homens que não seja santo no Plano da Verdade?

As orações podem não encontrar, de imediato, o Espírito a que se destinam, mas lhe alcançam o grupo de companheiros a que deveria ajustar-se e que, amorosamente, o substituem na obra assistencial do bem, em nome do Senhor, visto que, na realidade, todo amor na Criação Eterna é de Deus. (*Ação e Reação*, capítulo 11.)

Os espíritas suplicam o socorro do venerável dr. Bezerra de Menezes. Como pode atender a tantos pedidos pelo Brasil todo?

Com mais de cinqüenta anos consecutivos de serviço à Causa Espírita, depois de desencarnado, Adolfo Bezerra de Menezes fez jus à formação de extensa equipe de colaboradores que lhe servem à bandeira de caridade. Centenas de Espíritos estudiosos e benevolentes obedecem-lhe as diretrizes na lavoura do bem, na qual opera ele em nome do Cristo. Desse modo, é fácil compreendê-lo, agindo em tantos lugares ao mesmo tempo... Bezerra de Menezes, invocado carinhosamente, em tantos lares e instituições espíritas, ajuda em todos eles, pessoalmente ou por intermédio das entidades que o representam com extrema fidelidade. (*Ação e Reação*, capítulo 11.)

A prece unida ao gesto de bondade altera o mapa dos encarnados?

Quantos romeiros terrenos, em cujos mapas de viagem constam surpresas terríveis, são amparados devidamente para que a morte forçada não lhes assalte o corpo, em razão dos atos louváveis a que se afeiçoam... Quantas intercessões da prece ardente conquistam moratórias oportunas para pessoas cujo passo já resvala no cairel do sepulcro?... Quantos deveres sacrificiais granjeiam, para a alma que os aceita de boa mente, preciosas vantagens na Vida Superior, onde providências se improvisam para que se lhes amenizem os rigores da provação necessária? (*Ação e Reação*, capítulo 18.)

Portanto, o bem jamais se perde, não é mesmo?

Gerando novas causas com o bem, praticado hoje, podemos interferir nas causas do mal, praticado ontem, neutralizando-as e reconquistando, com isso, o nosso equilíbrio. Desse modo, creio mais justo incentivarmos o serviço do bem, através de todos os recursos ao nosso alcance. A caridade e o estudo nobre, a fé e o bom ânimo, o otimismo e o trabalho, a arte e a meditação construtiva constituem temas renovadores, cujo mérito não será lícito esquecer, na reabilitação de nossas idéias e, conseqüentemente, de nossos destinos. (*Ação e Reação*, capítulo 18.)

XXV

COMPLETISTA

No meio espírita ouvimos muito o termo "completista". Poderia nos explicar o que significa?

Completista é o título que designa os raros irmãos que aproveitaram todas as possibilidades construtivas que o corpo terrestre lhes oferecia. Em geral, quase todos nós, em regressando à esfera carnal, perdemos oportunidades muito importantes no desperdício das forças fisiológicas. Por vezes, desprezamos cinqüenta, sessenta, setenta por cento de nossas possibilidades. Em muitas ocasiões, prevalece ainda, contra nós, a agravante de termos movimentado as energias sagradas da vida em atividades inferiores que degradam a inteligência e embrutecem o coração. (*Missionários da Luz*, capítulo 12.)

O completista, além de não sofrer os reveses das doenças, goza de alguma vantagem para futuras reencarnações?

Aqueles que mobilizam a máquina física, à maneira do operário fidelíssimo, conquistam direitos muito expressivos em nossos planos. O completista, na qualidade de trabalhador leal e produtivo, pode escolher, à vontade, o corpo futuro, quando lhe apraz o regresso à Crosta em missões de amor e iluminação, ou recebe veículo enobrecido para o prosseguimento de suas tarefas, a caminho de círculos mais elevados de trabalho. (*Missionários da Luz*, capítulo 12.)

Sabe de algum completista que tenha regressado à Terra? Naturalmente terá escolhido um organismo irrepreensível...

Conheço alguns. Nenhum dos que tenho visto partir, embora os méritos de que se encontravam revestidos, escolheram formas irrepreensíveis, quanto às linhas exteriores. Solicitaram providências em favor da existência sadia, preocupando-se com a resistência, equilíbrio, durabilidade e fortaleza do instrumento que os deveria servir, mas pediram medidas tendentes a lhes atenuarem o magnetismo pessoal, em caráter provisório, evitando-lhes a apresentação física muito primorosa, ocultando, assim, a beleza de suas almas para a eficiente garantia de suas tarefas. (*Missionários da Luz*, capítulo 12.)

XXVI

REENCARNAÇÃO

André Luiz! Em que momento se dá a ligação do Espírito com a matéria, é no momento da união sexual?

Não é necessária a nossa presença ao ato da união celular. Semelhantes momentos do tálamo conjugal são sublimes e invioláveis nos lares em bases retas. A fecundação do óvulo materno somente se verifica algumas horas depois da união genésica. O elemento masculino deve fazer extensa viagem antes de atingir o seu objetivo (*Missionários da Luz,* capítulo 13.)

O que acontece com o perispírito?

Sem que me possa fazer compreendido, de pronto, pelo leitor comum, devo dizer que "alguma coisa da forma de Segismundo estava sendo eliminada". Quase que imperceptivelmente, à medida que se intensificavam as operações magnéticas, tornava-se ele mais pálido. Surpreendido, reconheci que, ao influxo magnético de Alexandre e dos Construtores Espirituais, a forma perispiritual de Segismundo tornava-se reduzida. (*Missionários da Luz*, capítulo 13.)

Essa forma reduzida do Espírito que reencarna é do tamanho de uma criança?

A operação não foi curta, nem simples. Identificava o esforço geral para que se efetuasse a redução necessária. Por fim, com grande assombro meu, verifiquei que a forma de nosso amigo assemelhava-se à de uma criança. (*Missionários da Luz*, capítulo 13.)

Todo Espírito está sujeito à lei da hereditariedade?

A lei da hereditariedade funciona com inalienável domínio sobre todos os seres em evolução, mas sofre, naturalmente, a influência de todos aqueles que alcançaram qualidades superiores ao ambiente geral. Além do mais, quando o interessado em experiências novas no plano da Crosta é merecedor de serviços "intercessórios", as forças mais elevadas podem imprimir certas modificações à matéria, desde as atividades embriológicas, determinando alterações favoráveis ao trabalho de redenção. (*Missionários da Luz*, capítulo 12.)

Existe um programa, um mapa para cada Espírito que irá reencarnar?

As entidades sob nossos olhos são trabalhadores de nossa esfera, interessados em reencarnações próximas. Os rolos brancos que conduzem são pequenos mapas de formas orgânicas, elaboradas por orientadores de nosso plano, especializados em conhecimentos biológicos da existência terrena. Conforme o grau de adiantamento do futuro reencarnante e de acordo com o serviço que lhe é designado no corpo carnal, é necessário estabelecer planos adequados aos fins essenciais. (*Missionários da Luz*, capítulo 12.)

E essa programação é minuciosa?

Os contornos anatômicos da forma física, disformes ou perfeitos, longilíneos ou brevilíneos, belos ou feios, fazem parte dos estatutos educativos. Pormenores anatômicos imperfeitos, circunstâncias adversas, ambientes hostis, constituem, na maioria das vezes, os melhores lugares de aprendizado e redenção para aqueles que renascem. (*Missionários da Luz*, capítulo 13.)

Pelo que vejo, há aqueles que escolhem ter uma doença?

Aqui temos o projeto de futura reencarnação de um amigo meu. Não observa certos pontos escuros, desde o cólon descendente à alça sigmóide? Isso indica que ele sofrerá uma úlcera de importância, nessa região, logo que chegue à maioridade física. Trata-se, porém, de escolha dele. (*Missionários da Luz*, capítulo 12.)

Há aqueles que reencarnam inconscientes de sua condição?

Certamente. A maioria dos que retornam à existência corporal na esfera do Globo é magnetizada pelos Benfeitores Espirituais, que lhe organizam novas tarefas redentoras, e quantos recebem semelhantes auxílio são conduzidos ao templo maternal de carne como crianças adormecidas. São inúmeros os que regressam à Crosta nessas condições, reconduzidos por autoridades superiores de nossa esfera de ação, em vista das necessidades de certas almas encarnadas, de certos lares e determinados agrupamentos. (*Missionários da Luz*, capítulo 13.)

Isso é uma imposição? E onde fica o livre-arbítrio?

Há reencarnações que funcionam como drásticos. Ainda que o doente não se sinta corajoso, existem amigos que o ajudam a sorver o remédio santo, embora muito amargo. Relativamente à liberdade irrestrita, a alma pode invocar esse direito somente quando compreenda o dever e o pratique. Quanto ao mais, é indispensável reconhecer que o devedor é escravo do compromisso assumido. Deus criou o livre-arbítrio, nós criamos a fatalidade. É preciso quebrar, portanto, as algemas que fundimos para nós mesmos. (*Nosso Lar*, capítulo 46.)

E quanto aos Espíritos mais esclarecidos?

Os processos de reencarnação diferem ao infinito, não existindo, segundo cremos, dois absolutamente iguais. Há companheiros de grande elevação que, ao voltarem à esfera mais densa em apostolado de serviço e iluminação, quase dispensam o nosso concurso. (*Missionários da Luz*, capítulo 13.)

Existem recursos para evitar o fracasso nas reencarnações?

Enquanto os desequilíbrios se localizam na esfera paternal ou procedem da influência de entidades malignas, simplesmente, há recursos a interpor; no entanto, se a desarmonia parte do campo materno, é muito difícil estabelecer proteção eficiente. (*Missionários da Luz*, capítulo 15.)

XXVII

LEMBRANÇAS DO PASSADO

André Luiz, quando desencarnamos nos lembramos imediatamente de nossas existências anteriores?

Antes de tudo, é indispensável nos despojarmos das impressões físicas. As escamas da inferioridade são muito fortes. Somente a alma, muito segura de si, recebe tais atributos como realização espontânea. As demais são devidamente controladas no domínio das reminiscências, e, se tentam burlar esse dispositivo da lei, não raro tendem ao desequilíbrio e à loucura. (*Nosso Lar*, capítulo 21.)

Qual é o processo para nos lembrarmos?

O caso da Senhora Laura é esclarecedor. Conta ela: "Quando se me aclarou a visão interior, as lembranças vagas me causavam perturbações de vulto. Depois de minucioso exame das nossas impressões, tivemos acesso em primeiro lugar à Seção do Arquivo, onde todos nós temos anotações particulares. Aconselharam-nos os técnicos a ler nossas próprias memórias, durante dois anos, abrangendo um período de três séculos. Não nos permitiu a leitura de fases anteriores, declarando-nos incapazes de suportar as lembranças correspondentes a outras épocas". (*Nosso Lar*, capítulo 21.)

E bastou a ela a leitura para que se lembrasse de tudo?

Não. A leitura apenas informa. Depois de longo período de meditação para esclarecimento próprio, ela foi submetida a operações psíquicas, a fim de penetrar os domínios emocionais das recordações. Os técnicos no assunto lhe aplicaram passes no cérebro, despertando certas energias adormecidas. (*Nosso Lar*, capítulo 21.)

Então, pode um Espírito ser magnetizado e se lembrar do passado. Da mesma forma, podem fazê-lo esquecer?

Não tenha dúvidas. Conheci um pai que sofria imerecidamente pela filha leviana e grosseira, e tanto padeceu por ela que os seus superiores, em nossa colônia espiritual, submeteram-no a tratamento para esquecimento temporário da filha querida, até que ele pudesse recordar e se aproximar dela sem angústias emotivas. Quando somos fracos, porém, embora muito amoráveis, e não nos sentimos com a precisa coragem para o afastamento necessário, se merecemos o auxílio de nossos Maiores, somos favorecidos com o tratamento magnético que opera em nós o esquecimento passageiro. (*Missionários da Luz*, capítulo 15.)

XXVIII

CORPO ESPIRITUAL

Como é o corpo dos Espíritos?

As linhas morfológicas das entidades desencarnadas, no conjunto social a que se integram, são comumente aquelas que trouxeram do mundo. Se a alma desenleada do envoltório físico foi transferida para a moradia espiritual, em adiantada senectude, gastará algum tempo para desfazer-se dos sinais de ancianidade corpórea, e na hipótese de haver partido na juventude primeira, deverá igualmente esperar que o tempo o auxilie, caso se proponha à obtenção de traços da madureza. (*Evolução em Dois Mundos*, capítulo 4, segunda parte.)

Isso se dá com todos os Espíritos, indistintamente?

Não. Cabe considerar que isso ocorre apenas com os Espíritos, aliás, em maioria esmagadora, que ainda não dispõem de bastante aperfeiçoamento moral e intelectual. Em alto nível, a Inteligência opera em minutos certas alterações que as entidades de cultura mediana gastam, por vezes, alguns anos para efetuar. (*Evolução em Dois Mundos,* capítulo 4.)

Existem aqueles que chegam aí cegos, paralíticos, ou doentes?

Sim... O homem imprevidente que gastou os olhos no mal comparece aqui de órbitas vazias. O malfeitor, interessado em utilizar o dom da locomoção fácil nos atos criminosos, experimenta a desolação da paralisia, quando não é recolhido absolutamente sem pernas. Os pobres obsidiados nas aberrações sexuais costumam chegar em extrema loucura. (*Nosso Lar,* capítulo 5.)

XXIX

DESTINO

O mal está determinado em nosso destino?

Ninguém nasce destinado ao mal, porque semelhante disposição derrogaria os fundamentos do Bem Eterno sobre os quais se levanta a Obra de Deus. O Espírito renascente no berço terrestre traz consigo a provação expiatória a que deve ser conduzido ou a tarefa redentora que ele próprio escolheu, de conformidade com os débitos contraídos. Desse modo, ninguém recebe do Plano Superior a determinação de ser relapso ou vicioso, madraço ou delinqüente, com passagem justificada no latrocínio ou na dipsomania, no meretrício ou na ociosidade, no homicídio ou no suicídio. (*Evolução em Dois Mundos*, capítulo 18, segunda parte.)

Mas em nossas quedas, a maior influência é de quem?

Padecemos, sim, nesse ou naquele setor da vida, durante a recapitulação de nossas próprias experiências, o impulso de enveredar por esse ou aquele caminho menos digno, mas isso constitui a influência de nosso passado em nós, instilando-nos a tentação, originariamente toda nossa, de tornar a ser o que já fomos, em contraposição ao que devemos ser. (*Evolução em Dois Mundos*, capítulo 18.)

Depois de repetir erros, o que a Bondade de Deus faz por nós?

A reencarnação retificadora, isto é, a internação na carne em condições penosas, surge por alternativa inevitável. Será preciso renascer, suportando os obstáculos tremendos, oriundos da desarmonia perispirítica criada por nós mesmos. (*Ação e Reação*, capítulo 19.)

Poderia exemplificar?

Aqueles que por vezes diversas perderam vastas oportunidades de trabalho na Terra, pela ingestão sistemática de elementos corrosivos, como sejam o álcool e outros venenos das forças orgânicas, tanto quanto os inveterados cultores da gula, imploram o regresso à carne em corpos, já a partir da infância, inclinados à estenose do piloro, à ulceração gástrica, ao desequilíbrio do pâncreas, à colite e às múltiplas enfermidades do intestino que lhes impõem torturas sistemáticas, embora suportáveis, no decurso da existência inteira. (*Ação e Reação*, capítulo 19.)

Como somos ignorantes...

Inteligências notáveis, com sucessivas quedas morais, através da leviandade com que utilizaram o esporte e a dança, espalhando desespero e infortúnio nos corações afetuosos e sensíveis, pedem formas orgânicas ameaçadas de paralisia e reumatismo, visitadas de achaques e neoplasmas diversos, que lhes obstem os movimentos demasiado livres. Companheiros que se deixaram envenenar pelos olhos e pelos ouvidos, comprometendo-se em vasta rede de criminalidade, imploram veículos fisiológicos castigados por deficiências auditivas e visuais. Intelectuais e artistas que despedem sagrados recursos do Espírito na perversão dos sentimentos humanos, por intermédio da criação de imagens menos dignas, rogam aparelhos cerebrais com inibições graves e dolorosas para que, nas reflexões do ostracismo temporário, possam desenvolver as esquecidas qualidades do coração. (*Ação e Reação*, capítulo 19.)

A lista é interminável, não é mesmo?

Homens e mulheres que abusaram de dotes físicos, solicitam corpos vulneráveis às dermatoses aflitivas, quais o eczema e a tumoração cutânea. Grandes faladores que escarneceram da divina missão do verbo, suplicam doenças das cordas vocais para que desistam de tumultuar os Espíritos por intermédio da palavra brilhante. E milhares de pessoas que transformaram o santuário do sexo numa forja de perturbações para a vida alheia, imploram equipamentos físicos atormentados por lesões importantes do campo genésico, experimentando, desde a puberdade, inquietantes desequilíbrios ovarianos e testiculares. (*Ação e Reação*, capítulo 19.)

E isso tudo é a Misericórdia Divina agindo por nós mesmos?

A cegueira, a mudez, a idiotia, a surdez, a paralisia, o câncer, a lepra, a epilepsia, diabetes, o pênfigo, a loucura e todo o conjunto das moléstias dificilmente curáveis significam sanções instituídas pela Misericórdia Divina portas a dentro da Justiça Universal, atendendo-nos aos próprios rogos, para que não venhamos a perder as bênçãos eternas do espírito a troco de lamentáveis ilusões humanas. (*Ação e Reação*, capítulo 19.)

E existem os Institutos especiais que providenciam essas "doenças"?

Sim, a Bondade do Senhor é infinita e permite-nos a graça de suplicar os impedimentos a que nos referimos. Entretanto, ainda mesmo que não pedíssemos a aplicação das penas de que necessitamos, nossa posição não se modificaria, porquanto a prática do mal opera lesões imediatas em nossa consciência. Mas, a humildade, em qualquer situação, acende luz em nossas almas, gerando, em torno de nós, abençoados recursos de simpatia fraterna. (*Ação e Reação*, capítulo 19.)

XXX

DESPEDIDA

André Luiz, diante de tudo que nos foi exposto, gostaria ainda de ouvir uma última resposta. Existem reencarnações programadas e aquelas outras impostas... Isso não passa a idéia de que haja um destino traçado para todos nós?

Não incida no erro de muita gente. Isto implicaria obrigatoriedade de conduta espiritual. Naturalmente, a criatura renasce com independência relativa e, por vezes, subordinada a certas condições mais ásperas, em virtude das finalidades educativas, mas semelhante imperativo não suprime, em caso algum, o impulso livre da alma, no sentido de elevação, estacionamento ou queda em situações mais baixas. Existe um programa de tarefas edificantes a serem cumpridas por aquele que reencarna, e o Espírito pode melhorar sua cota de valores, ultrapassando a previsão superior, pelo esforço próprio intensivo, ou distanciar-se dela, enterrando-se ainda mais nos débitos para com o próximo. Toda alma que reencarna, ainda aquela que se encontre em condições aparentemente desesperadoras, tem recursos para melhorar sempre. (*Missionários da Luz,* capítulo 13.)

Bem, estamos encerrando nossa entrevista. Nossas vibrações de paz a todos os irmãos de Nosso Lar. E a gratidão de todos os leitores da Terra pelos livros que escreveu, por intermédio do nosso querido Francisco Cândido Xavier.

Que Jesus nos abençoe a todos.

Referências bibliográficas

Xavier, Francisco Cândido; André Luiz (espírito). Ação e Reação. 10ª ed. Sobradinho-DF: FEB, 1995.

_________. Apostilas da Vida. 1ª ed. Araras-SP: IDE, 1986.

_________. Entre a Terra e o Céu. 10ª ed. Sobradinho-DF: FEB, 1984.

_________. Libertação. 11ª ed. Sobradinho-DF: FEB, 1984.

_________. Missionários da Luz. 11ª ed. Sobradinho-DF: FEB, 1978.

_________. No Mundo Maior. 12ª ed. Sobradinho-DF: FEB, 1984.

_________. Nos Domínios da Mediunidade. 13ª ed. Sobradinho-DF: FEB, 1984.

_________. Nosso Lar. 29ª ed. Sobradinho-DF: FEB, 1984.

_________.Obreiros da Vida Eterna. 14ª ed. Sobradinho-DF: FEB, 1984.

_________. Os Mensageiros. 16ª ed. Sobradinho-DF: FEB, 1983.

Xavier, Francisco Cândido/Vieira, Waldo; André Luiz (espírito). Evolução em dois Mundos. 8ª ed. Sobradinho-DF: FEB, 1985.

_________. Mecanismos da Mediunidade. 8ª ed. Sobradinho-DF: FEB, 1984.

Conheça do mesmo autor, livros publicados pela EME Editora:

Vida a Dois

• *14x21 - 146 p.*

O autor nos apresenta episódios embaraçosos na relação entre cônjuges, acentuados de forma divertida pelo ilustrador, destacando sempre que um casamento, para perdurar, precisa de ajustes simples e cuidados especiais. Leitura obrigatória para solteiros e altamente recomendável aos casados.

Felizes para sempre

• *14x21 – 160 p.*

Felizes para Sempre procura desvendar esse grande enigma – o da felicidade –, que os homens teimam, em vão, buscar fora de si mesmos. No livro, o escritor, assessorado por belas obras do acervo espírita, faz uma análise psicológica dos cônjuges diante de uma eventual crise financeira, diante de filhos-problema, diante do esposo tirano e autoritário ou da esposa intransigente... Sem dúvida, nesta obra, Jamiro destampa o baú de um pequeno tesouro, de onde o leitor poderá extrair pérolas valiosas para a conquista da paz e felicidade no lar.

Histórias de minha infância

• *14x21 –112 p.*

A harmonia familiar está inteiramente relacionada com a educação. O exemplo dos pais e a iniciação religiosa são os ingredientes básicos para uma boa formação moral, garantindo um relacionamento tranquilo e uma convivência alegre e feliz. É nesse contexto que se encaixa este livro, cujas histórias, por sua beleza e simplicidade, despertam a vontade de participar do enredo, se possível fosse. Dirigido essencialmente à família, traz aos filhos e pais magníficas lições. Ao folheá-lo, percebe-se que não é difícil desencontros e obstáculos, encontrar um ponto de equilíbrio para as controvérsias e, principalmente, viver bem. É uma excelente opção durante o culto do Evangelho no lar, em que a família, reunida em nome de Jesus, poderá colher preciosos ensinamentos e exemplos para uma conduta verdadeiramente cristã.

Não encontrando os livros da EME na livraria de sua preferência, solicite o endereço de nosso distribuidor mais próximo de você através do fone/fax: (19) 3491-7000.
E-mail: vendas@editoraeme.com.br – Site:www.editoraeme.com.br